Dr.med.K.H. Wischner

Arthrose Spezial

Dichtung und Wahrheit

Das ehrliche Antirost-Brevier

 Dr.med.Karl-Heinz Wischner wurde am 27.September 1939 in Gelsenkirchen geboren. Er studierte Germanistik, Kunstgeschichte und Medizin in Köln, Heidelberg und Essen. Seit 1974 ist er Facharzt für Orthopädie und Physikalische Therapie. Nach langjähriger Tätigkeit und Berufserfahrung in eigener Praxis und als leitender Klinikarzt veranlassten ihn diese beiden unterschiedlichen Sichtweisen auf unser ziemlich marodes Gesundheitssystem und dessen oft sehr merkwürdigen Auswüchse zu schriftstellerischen Aktivitäten. Seine belletristischen Sachbücher sind nicht nur lehrreiche und informative Ratgeber, sondern maliziös-kritische Spotlights auf unsere zunehmend profitorientierte Medizin mit der Geißelung und Verurteilung kommerzbedingter Quacksalberei durch Ärzte und Hilfsheiler. Sein Zeichentalent benutzt er in seinen Büchern zur Illustration seiner ausführlichen Sachinformationen und besonders gerne in Form boshaft-bissiger Cartoons als Ausrufezeichen in seinen literarischen Streitschriften.

© 2017 Dr. Karl-Heinz Wischner
Umschlag Illustration Dr. K.-H. Wischner
Verlag tredition GmbH Hamburg
ISBN 978-3-7345-8301-8
Printed in Germany

Dieses Werk einschließlich seiner Teile ist urheberrechtlich geschützt. Jede Verwertung ist ohne Zustimmung des Verlages und des Autors unzulässig. Dies gilt insbesondere für die elektronische oder sonstige Vervielfältigung, Übersetzung und öffentliche Zugänglichmachung.

Mit dem Wissen wächst der Zweifel

(Goethe)

Inhalt

1. Prolog..9

2. Hippokrates, die Viersäftelehre und Opas „Rheuma"............................ 12

3. Ewig jung bleibt nur die Fantasie 15

4. Auf den Bäumen ging es uns besser 19

5. Wer nichts weiß, muss alles glauben – Grundwissen............................ 21

    5.1 Es läuft, wie geschmiert- Gelenkanatomie und Gelenkfunktion............... 21

    5.2 Rost im Kugellager - Ursachen und Entstehung der Arthrose 28

    5.3 Leise knirschen meine Glieder - Die Symptome der Arthrose 41

    5.4 Suchet und Ihr werdet finden - Die Diagnose der Arthrose 45

    5.5 Die Arthrose der großen Beingelenke 47

        Die Kniegelenksarthrose 47

        Die Hüftgelenksarthrose... 55

    5.6 Was uns sonst noch bewegt – Die Arthrose der anderen Gelenke 61

6. Schadensbegrenzung und Reparatur – Die Therapie............................ 65

    6.1 Grundsätzlich... 65

    6.2 Die Konservative Therapie...68

    6.3 Die operative Therapie – Der Lichtstreifen am Horizont............................79

        Die gelenkerhaltenden Operationen 79

        Aus Alt mach Neu – Der Gelenkersatz – Die Endoprothetik 83

        Das Risiko – Der Preis für die Chance - Die Komplikationen 89

    6.4 Die neue Hüfte 94

        Wann, wo, wie operieren 100

        Die Nachsorge 102

    6.5 Das neue Knie 113

        Wann, wo, wie operieren..113

        Die Nachsorge 119

7.0 Jetzt mal ehrlich	123
7.1. Dichtung und Wahrheit	123
7.2 Euroschamanen und Äskulaps Erben	139
Die Heilsberufung	139
7.3 Knorpelzellgärtner und Skalpellartisten	144
7.4 Hippokrates zwischen Ethik und Kommerz	146
Die Diagnose durch die Hose	146
7.5 Die kranke Kasse	157
8. Rat und Tat – Die Hilfe zur Selbsthilfe	164
8.1 Das akute Gelenk – Die „aktivierte Arthrose"	168
8.2 Der Quälgeist – Die chronische Arthrose	179
8.3 Nägel mit Köpfen – Die Operationsentscheidung	182
9. Epilog	186
10. Literaturangaben	190
11. Sachverzeichnis	193

1. Prolog

Selbstverständlich wurde dieses Buch nicht für den beneidenswerten Glückspilz geschrieben, der ganz sicher ist, niemals im Leben zu den sieben Millionen Menschen in Deutschland zählen zu müssen, die an einer Kniegelenks- oder Hüftgelenksarthrose erkranken. Dieses Buch ist eher für die anderen gedacht. Die wissen, dass die Gelenk-Gremlins schon vor der Tür stehen, oder bereits da sind. Die in den elektronischen Medien oder in der Buchhandlung nach Problemlösungen suchen. Und dort Tausend Antworten finden. Aber die dort angebotenen Lösungen passen sehr häufig nicht zu den eigenen Problemen. Im heute nicht mehr überschaubaren Angebots-Dschungel aus mittelalterlicher Mystik, urwaldschwarzer Scharlatanerie, blauäugigen, hippokratischen Wunschträumen und nackter, rein profitorientierter Vermarktung der Ware „Arthrose" zu navigieren, soll darum ein wichtiges Ziel dieser Schrift sein.

Sie möchte ein etwas anderer Beitrag zum Arthrose-Thema werden. Eine informative, ehrliche und kritische Kampfansage an die unabsichtlichen und absichtlichen Unwahrheiten, vor allem jedoch an den überwiegend merkantil ausgerichteten Therapieunsinn in unserer medizinischen und pseudomedizinischen Medienlandschaft. Eine Streit- und Oppositionsschrift gegen haarsträubend unsinnige Heilungsversprechen berufsmäßiger Arthroseflüsterer ebenso wie gegen zunehmend rein zweckorientierte Profitmaximierung in den Einrichtungen unseres Gesundheitssystems.

Risiken und Nebenwirkungen auch heute gängiger Therapieangebote zu kennen, sinnlosen Behandlungsofferten auch mit sachlichen Argumenten begegnen zu können, erfordert wirksame Diskussionsmunition. Eine ausreichende Sachinformation mit genauer Kenntnis der eigenen Erkrankung und ihrer Heilungschancen ist die wichtigste Voraussetzung, die Schlacht gegen einen hinterlistigen und tückischen Gegner zu gewinnen.

Sinnvolles von Nutzlosem, Machbares von völlig Überflüssigem zu unterscheiden, kann der Arthrosekämpfer nur mit wirksamen Waffen und einer guten Strategie. Dazu verhilft ihm in erster Linie die umfassende Kenntnis der anatomischen und funktionellen Gegebenheiten sowie der Erkrankungsvorgänge in und an unserem Naturwunder „Gelenk".

Der gute Arzt als Verbündeter und Vertrauter wird in dieser Schlacht einen mündigen und aufgeklärten Patienten zu schätzen wissen, der weniger gute wird sich unangenehmen Fragen stellen müssen. Unbequeme Patienten sind nicht immer beliebte Patienten. Meist aber erfolgreicher als geduldige Opferlämmer.

In ein solches Arthrose-Brevier gehören natürlich auch helle Spotlights auf die Institution, die in diesem Kampf gegen die Arthrosekrankheit irgendwann einmal ebenfalls unser Partner war. Der Blick auf die Kostenträger in unserem Gesundheitsunwesen, auf die Krankenkassen. Leider hat sich hier im Verlauf der letzten Jahrzehnte über zahllose rigorose Sparmaßnahmen und Gesundheitsstrukturkastrationsgesetze ein abgemagertes und knochiges Model mit überwiegend merkantilen Interessen gegenüber dem Versicherten entwickelt, dessen Machtorgan, der Medizinische Dienst, für deren Umsetzung sorgt.

Ein wichtiger Bestandteil dieser Fibel besteht aus hilfreichen Alltagstipps zur Selbsthilfe, die selbst der wohlmeinendste Doktor aus Zeitmangel in der Praxis nicht geben kann. Mancher Arzttermin kann dadurch überflüssig werden und auch Beschwerdebesserungen sind hierdurch möglich.

Es wäre sehr schön, wenn der Leser am Ende dieses Buches in der Lage sein sollte, die ärztliche Aussage „Sie haben eine Arthrose, da kann man jetzt nix mehr machen" ebenso wie die Behauptung aus dem Munde alternativer Wunderheiler „Arthrose ist heilbar" da einzuordnen, wo diese Sätze hingehören und wo sie herkommen. Nämlich in die Schublade ärztlichen Desinteresses und in Rasputins Märchenstunde. Dann wäre dem Verfasser das gelungen, was er erreichen wollte. Einen aufgeklärten Patienten auf die Augenhöhe zu bringen, die im Kontakt mit qualifizierten Medizinern für sinnvolle Therapieentscheidungen erforderlich ist.

Möglicherweise auch zu erreichen, mit ein wenig Argwohn und gesundem Misstrauen zu unterscheiden zwischen geschäftstüchtigen Gelenk-Quacksalbern und ihren Angeboten von Rinderknorpelpillen und Grünlippenmuschelextrakt sowie hochqualifizierten Spitzenkräften der konservativen und operativen Arthrosetherapie mit dem Wissen aus der aktuellsten Arthroseforschung.

Vielleicht kann diese Schrift als eine Art kritischer TÜV-Inspektion des sehr fazettenreichen Themas „Arthrose" und als Entscheidungshilfe auch bei der Suche nach einem entsprechend qualifizierten Arthrosetherapeuten funktionieren.

2. Hippokrates, die Viersäftelehre und Opas „Rheuma"

Seit Jahrtausenden versucht sich der Mensch in Erklärungen über die Funktionen seines Körpers und hierbei natürlich ebenso in der Ursachenforschung für die Erkrankungen seiner Gelenke.

Bis in das Mittelalter beherrschte noch die „Viersäftelehre" die damaligen Auffassungen von einer gestörten Gesundheit. Die Vorstellung war eine aus dem Gleichgewicht geratene Harmonie von Blut, Schleim, schwarzer und gelber Galle, der gestörte Fluss kalten Schleimes aus dem Gehirn in die Gelenke. Bis auf den heute in dieser Niveauhöhe stehengebliebenen Wissensstand manchen Hilfsheilers und Medizinjournalisten ist die Viersäfte- und Kaltschleimgeschichte derzeit nicht mehr wirklich aktuell.

Natürlich sind wir inzwischen viel schlauer geworden. Wir benutzen jetzt das Wort „*Rheuma*" für alles, was am und im und um das Gelenk herum weh tut. Eine Art Gelenkkrankheitseintopf aus etwa 400 sogenannten „rheumatischen" Krankheiten, aus dem wir uns für den Alltag der Einfachheit halber das Verschleißrheuma, die *Arthrose*, herausgefischt haben, denn sie ist in diesem Rheumatopf aus vielen unterschiedlichen Zutaten die weitaus größte. So wird heute in der Umgangs- und Alltagssprache einfach von „Arthritis" und „Rheuma" geredet, wenn Omas Knie schmerzt oder Opas Schulter weh tut. Natürlich ist das nicht ganz korrekt. Dafür aber praktisch. Die Zeit, die Vielfalt des sogenannten „Rheumatischen Formenkreises" zu erläutern, hat wirklich kein Praxisdoktor und der Patient wäre auch nicht besonders an einer solchen Erläuterung interessiert.

Dieses Buch wird sich auch wegen der volkswirtschaftlichen Bedeutung nur mit dem Abnuzungs-, dem Verschleissrheuma, der Arthrose beschäftigen. Die mit etwa 1,5% Erkrankungshäufigkeit in Deutschland auftretende „echte", entzündliche Rheumaerkrankung, die *Rheumatoide Arthritis* soll hier nicht beschrieben werden.

Die Arthrose gab es selbstverständlich schon zu Zeiten von *Hippokrates* und *Galenus von Pergamon* mit ihrer Lehre von der Humoralpathologie, den oben erwähnten, etwas ekeligen Säften. Nur gab es diese Krankheit nicht so häufig wie heute, denn es war auch damals keine Erkrankung des knackigen, jugendlichen griechischen Diskuswerfers, sondern eher eines graumelierten Sokrates oder Diogenes, also der höheren Semester.

Da die Menschen anno dazumal aus vielerlei Gründen eine deutlich geringere Lebenserwartung hatten als wir, spielte die Arthrose logischerweise keine so überragende Rolle, wie zu unserer Zeit, in der wir sie schon als „Volksseuche" bezeichnen.

Heute gehen wir nicht nur mit dem Wort „Rheuma" lässig und routiniert um, wir sind auch überzeugt, mit den Folgen zumindest des Verschleißrheumas, der Arthrose, bereits fertig geworden zu sein. Wir haben ja schließlich den Gelenkersatz, das neue, das künstliche Gelenk, die Endoprothese, erfunden. Angefangen von den Print-Medien über die attraktiv gestylten Moderatorinnen der Fernsehgesundheitssendungen bis hin zum hierzu eingeladenen orthopädischen Chirurgen erzählen uns nun alle, Arthroseprobleme gab es gestern, heute haben wir schließlich den Ersatz der Gelenkschmiere, die Knorpelaufbauspritzen und das neue Gelenk, die Endoprothese. Vor allem mit diesem Ersatzteil können wir dann wieder auf den Tennisplatz, auf die Tanzfläche des Kreuzfahrers oder zu Fuß auf die Almhütte.

Vielleicht hatte Galen damals doch recht….mit dem kalten Schleim im Gehirn…von welchen Gehirnen er auch immer vorausschauend gesprochen haben mag.

 Eine wesentliche Voraussetzung für unsere Lebensqualität im Alter ist eine noch ausreichende Mobilität vor allem unserer Beingelenke.

3. Ewig jung bleibt nur die Fantasie (Schiller)

Alt werden wollen wir alle, aber alt sein wollen wir möglichst lange nicht. Alt sein heißt gebrechlich sein, tatterig und dement, bedeutet Schlabberlatz, Rollator und Pampers. Körperteile, die uns jahrzehntelang treu, klaglos, sachdienlich oder auch bevölkerungsstatistisch bedeutungsvoll begleitet haben, kündigen ihren Dienst auf, der Rost knabbert nun auch an unseren Gelenken. Die Angst vor diesem Szenario wächst, je weiter wir der Jugend enteilen. Nicht unbedingt unbegründet, wenn wir in die Altenheime schauen. Sehen wir uns jedoch auf den Kreuzfahrtschiffen, auf den Hotel-Tennisplätzen der Kanaren und in den Appartementanlagen der Sonneninseln um, erleben wir eine andere, eine neue Kategorie von betagten Senioren beiderlei Geschlechts. Die „jungen Alten".

Unser durch fantastische Fortschritte in der geriatrischen Medizin stetig steigendes Durchschnittsalter produziert in den letzten Jahrzehnten eine gleichfalls stetig wachsende Sechzig-Plus-Generation, deren körperliche und geistige Aktivität rein gar nichts mehr zu tun hat mit dem Oma- und Opabild auf der Bank vor ihrem kleinen Häuschen. Eine Generation, die „null Bock" auf Pampers und Seniorenteller verspürt, die „noch was vom Leben haben will", mindestens neunzig Jahre alt werden möchte und dabei noch so fit sein will, wie mit dreißig. Selbstverständlich auch mit reibungslos funktionierenden Organen. Wie damals eben!

Unter dem Begriff „Organe" versteht der Mediziner aber nicht nur unsere Pumpe und das funktionierende „Oben-lecker-rein-, Unten- problemlos-raus"- System, also unsere Verdauung, sondern auch einen für diese neuen Mobilitätswünsche unverzichtbaren Teil unseres Bewegungsapparates, unsere Gelenke.

Aber die denken oft ganz anders über solche Jungbornvorstellungen! Schicksalhafte, genbedingte oder durch bekannte, frühe Vorschädigungen der Gelenke irgendwann einsetzende und dann gnadenlos fortschreitende, biologische Abbauprozesse an den Gelenkflächen lassen sich auch nicht hinter dem spätpubertären Jeanshemd-Outfit und Dreitagebart oder dem aufgeblasenen, „jugendlichen" Botox-Maskengesicht der Mittvierzigerin mit der aufgeschmierten, zentimeterdicken Bauernmalerei und den Fahradschlauchlippen lange verstecken.

Die Medizin hat uns zwar mit ihren Fortschritten vor allem in der operativen Arthrosetherapie in den letzten Jahrzehnten fast überrannt. Der Natur ein Schnippchen schlagen können wir jedoch immer noch nicht. So wird die Schere zwischen einer von den jungen Alten selbst noch erwarteten, körperlichen Fitness und den tatsächlich verbliebenen, physischen Möglichkeiten der trotz positiver Lebenseinstellung unbeeindruckt alternden Organe, vor allem des Bewegungssystems, entsprechend weiter auseinandergehen und die Möglichkeiten unserer geriatrischen Medizin zunehmend strapazieren.

Eine auch sozialpolitisch wachsende, brisante Problematik, da die zahlenmäßig größer werdende Generation, die auch im Alter noch intensiv leben will, einer immer kleiner werdenden Zahl der Jungen gegenüberstehen wird, die diese Lebensfreude durch ihre zukünftigen Krankenkassenbeiträge finanzieren soll.

Den Versuch, hierfür eine intelligente Lösung zu finden, hat bereits vor einigen Jahren ein Jungpolitiker einer Christlich Sozialen Partei aus Bayern gemacht. Den Vorschlag nämlich, ab dem achtzigsten Lebensjahr kein arthrotisch zerstörtes Hüft- oder Kniegelenk mehr zu ersetzen. Eine wirklich interessante, und vor allen Dingen so „christliche" Idee. Zudem aus einer Altersgruppe, die den beim Motorcrossing, Wald-Biking oder Extrem-Snowboarding gebrochenen Arm und Unterschenkel selbstverständlich weiter auf Kosten der gesetzlichen Krankenkasse in unserer Solidargemeinschaft repariert haben möchte.

Im Westen Amerikas gab es einen Indianerstamm, der bei Einbruch des Winters seine Alten eine Schlucht hinunterstürzte oder im Schnee sitzen ließ, da die Nahrungsvorräte im Winter nicht für den ganzen Stamm reichten. In unserer zivilisierten Welt wäre eine Schlucht sicher nicht mehr die ultimative und humane Lösung…und Schnee haben wir auch nicht mehr genug. Außerdem würden die Grünen möglicherweise diesen Methoden im Bundestag widersprechen.

Vielleicht böte sich aber zukünftig der Mars mit gut gefüllten, großen Transportraketen als eine Art extraterrestrischer Aussiedlungsort für Alte an…(EAA).

Die geriatrische Entwicklung unserer Zivilisation wird uns auch sozialpolitisch vor Probleme stellen, deren Lösungen möglicherweise erst zukünftige Technologien bieten.

4. Auf den Bäumen ging es uns besser

Damals, also sehr viel früher, als unsere zwischenmenschlichen Kontakte und Kommunikationstätigkeiten noch nicht über stupfende und schiebende Zeigefingerkuppen auf bunten kleinen Täfelchen und Tastenarmaturen sowie unmissverständliche (Mittelfinger-) Gesten, sondern über Grunz-, Knurrlaute und Holzkeulenaktionen erfolgten, wir Midlife-Krise, Frauenpower, Frühpensionierung und das dritte Gebiss noch nicht kannten, waren wir an den meisten Stellen unseres Körpers viel gesünder. Zwar nicht sehr lange, denn unsere Lebenserwartung lag zu Zeiten der oft noch vierbeinigen Prähominiden irgendwo maximal zwischen zwanzig und dreißig Jahren. Dafür hatten wir aber in diesem Zeitraum beispielsweise kerngesunde Gelenke, und die waren immer noch jung, als uns der Säbelzahntiger zerkleinerte oder das Mammutbein platt stampfte.

Später wurde alles anders. Mit dem Entschluss, fortan endgültig aus den Baumästen herunter zu klettern oder auf den Flossen aus dem Wasser zu robben und als homo erectus den feindlichen Globus zu bevölkern, entwickelten wir jetzt nicht nur Fähigkeiten, unser Leben zu verlängern, sondern mussten leider den Tribut für diese neue Art der Fortbewegung zahlen. Auch wenn das Körpergewicht des Neandertalers lange nicht mit dem des heutigen Durchschnittsamerikaners – und zunehmend auch des Mitteleuropäers - zu vergleichen war, ächzten nun Wirbelsäule und Beingelenke unter dieser völlig ungewohnten Verschiebung des Körperschwerpunktes in die Steißbeingegend.

Jede Bananenschale, auf der wir ausrutschen und jede vereiste Bürgersteigspfütze, die uns auf dem Gesäß landen lässt, demonstriert uns die Mühe, die wir seither im täglichen Kampf gegen die Schwerkraft der Erde haben.

Wir wollten es aber genau wissen! Was immer das menschliche Wesen an Masse oberhalb der Hüftgelenke zu bieten hatte, es musste nun unbedingt auf zwei Beinen balanciert und von ihnen er- und getragen werden. Widerstrebend und zögerlich passten sich im Laufe der Jahrmillionen unsere Wirbelsäule und die Beine mit ihren Gelenken dieser merkwürdigen Forderung nach dem ausschließlichen Zweibeinstand an.

Die Beingelenke, deren Muskelführungen und Haltebänder, nahmen an Volumen und Kraft zu, wir lernten, mit der Erdanziehung umzugehen. Doch folgenlos blieb diese Entwicklung nicht. Auch ohne Kenntnisse von Statik und Biodynamik ist leicht einzusehen, dass vier Gliedmaßen, die eine Last tragen, durch die Verteilung dieser Last einzeln weniger zu tragen haben als zwei, die sich mit dem gleichen Gewicht herumplagen müssen. So belegen beispielsweise Ausgrabungen bereits beim Frühzeitmenschen Gelenkverschleißerkrankungen an Knie- und Hüftgelenken.

Die Entwicklung der Arthrosekrankheit beim Zweibeiner scheint somit vor allem eine Folge seines Aufrechtganges zu sein. Da wir jedoch auch einen Gelenkverschleißschaden bei Dinosauriern nachweisen konnten und heute sogar bei Kühen, Eseln, Pferden und einigen Hunderassen finden, dürften sicherlich auch noch andere Faktoren, wie später zu besprechen sein wird, eine Rolle spielen.

Der Entschluss, heute wieder zum Vierfüßlergang, in das Wasser oder auf die Bäume zurückzukehren, wäre somit hinsichtlich einer praktischen Arthrosevorsorge durchaus sinnvoll....und würde auch, was die Heimkehr in das Urwaldgeäst angeht, bei manchem unserer Zeitgenossen, zumindest äußerlich, kaum auffallen.

5. Wer nichts weiß, muss alles glauben - Grundwissen
5.1 Es läuft wie geschmiert – Anatomie und Gelenkfunktion

Mehr als 214 Knochen des menschlichen Skeletts sind überwiegend beweglich miteinander verbunden. Diese Verbindungen nennen wir „*Gelenke*" und vergleichen sie gern mit technischen Einrichtungen, bei denen sich die unterschiedlichsten Bauteile gegeneinander bewegen. Betrachten wir jedoch diese wichtigsten Konstruktionen unseres Bewegungssystems näher, sehen wir, dass ein solcher Vergleich höchst oberflächlich bleiben muss. Unsere Gelenke können erheblich mehr als eine Kreuzgelenkkupplung oder ein Kardangelenk.

Die heutigen Kenntnisse über die Biomechanik und funktionelle Anatomie der 143 menschlichen Gelenke sind in Tausenden wissenschaftlicher Arbeiten beschrieben worden. Manches Geheimnis bleibt jedoch vorerst noch unentdeckt. Ob der Mensch jemals eine gelenkige Materialverbindung schaffen kann, die ihre Schmierflüssigkeit selbst produziert und deren Qualität auch eigenständig kontrolliert oder Defekte der aufeinander gleitenden Materialteile zumindest im Jugendalter selbständig repariert, erscheint mehr als fraglich.

Um zu verstehen, wie ein Gelenk funktioniert, welche unersetzbare Bedeutung es für unsere Mobilität hat und wie seine Funktionsstörungen aussehen, ist die Kenntnis der Gelenkanatomie und der Gelenkbiologie eine wesentliche Voraussetzung.

Einige Knochen unseres Skeletts haben sich in der menschlichen Entwicklungsgeschichte einen gleichfalls knöchernen Partner für eine lebenslange feste Verbindung gesucht, die meisten anderen jedoch haben diese Verbindung beweglich, einige Verbindungstypen als sehr modernes Ehemodell sogar außergewöhnlich locker gestaltet.

Wir nennen diese in ihrer äußeren Form und an ihren knorpeligen Enden meist passgenauen knöchernen Partner zusammen mit ihren Verbindungsstrukturen „Gelenke" und zwar im Gegensatz zu ihren unbeweglich durch Knorpel, Knochen oder Bänder untereinander verbundenen Verwandten *„echte Gelenke"*.

Je nach dem Leistungsanspruch einer Körperregion sind unsere Gelenke sehr unterschiedlich geformt und somit auch in ihren Freiheitsgraden nach wenigen oder sehr vielen Richtungen hin beweglich. Die Ausmaße dieser Funktionsfähigkeiten misst der Fachmann in Winkelgraden mit den entsprechenden Zahlenangaben. Den Leistungsanforderungen entsprechend kennen wir auch unterschiedliche *Gelenkformen* nach deren Bezeichnung wir oft schon auf die Gelenkfunktion schließen können (s.Abb.1)

Gleichgültig jedoch, welche Form und welche Beweglichkeit ein echtes Gelenk bietet, der strukturelle Aufbau und die Gelenkbiologie sind bei allen Gelenken gleich. Ein Gelenk (s.Abb.1) besteht grundsätzlich aus den beiden Gelenkpartnern, den sogenannten *Gelenkkörpern* und einer luftdichten, diese knöchernen Teile locker oder straff umgebenden Hülle, der *Gelenkkapsel*. Zwischen den aufeinander gleitenden Gelenkflächen sorgt die *Gelenkschmiere* für eine verminderte Materialreibung. Den Raum zwischen den Gelenkkörpern nennt man *Gelenkhöhle* beziehungsweise *Gelenkspalt*. Manche Gelenke haben zum Ausgleich nicht ganz zueinander passender Gelenkflächen zwischen sich eingelagerte knorpelige Gelenkscheiben oder Halbringe, die *Diskus* und *Meniskus* genannt werden oder vergrößern eine zu kleine Fläche durch einen Knorpelrandwulst, einer *Gelenklippe*. Im Gelenkverbund hat zwar jedes einzelne der genannten Elemente seine eigene spezielle Aufgabe, in der gesamten Gelenkbiologie arbeiten sie jedoch in einer hochempfindlichen Funktionssynthese zusammen.

Immer wieder stellt der Mensch extreme Anforderungen an seine Gelenke

Die knöchernen Enden der Gelenkpartner, die *Gelenkflächen*, können entweder eben, konvex oder konkav geformt sein und sind von einer 3 bis 5mm dicken, glatten Knorpelschicht überzogen.

Den konvexen Gelenkkörper nennt man *Gelenkkopf*, den konkaven *Gelenkpfanne.* Die Gelenkpfanne bildet meist die Negativform des Gelenkkopfes. Der Knorpelüberzug der Gelenkflächen, der elastische *Gelenkknorpel*, hat in erster Linie mit seiner glatten Oberfläche die Aufgabe der Reibungsverhinderung und, besonders an den unteren Gliedmaßen, die einer Stoßdämpfung und des Polsterschutzes für den darunter liegenden Knochen. Bis zum siebenfachen unseres Körpergewichtes kann der Knorpelüberzug abfedern, was Fallschirmspringer, Skirennläufer und Stabhochspringer zu schätzen wissen. Die Aufgabe, extreme Druckeinwirkungen auf die Gelenkflächen abzufangen teilt sich der Gelenkknorpel mit der *Gelenkschmiere,,* die dank ihres Gehaltes an *Hyaluronsäure* wie ein hydraulischer Stoßdämpfer dem Zweibeiner an plötzlichen oder wiederholten, übermäßigen Gelenkstößen und Gelenkquetschungen ein Leben lang fast alles verzeiht,… aber eben nur fast. Die hauptsächlichste Funktion der zähen und dickflüssigen Gelenkschmiere ist natürlich, wie die Bezeichnung bereits sagt, die Reibungsverminderung zwischen den Knorpelflächen, wie das Motorenöl zwischen Kolben und Zylinder.

Zusätzlich jedoch, und nicht minder wichtig, ist die Gelenkflüssigkeit zuständig für die Ernährung des Gelenkknorpels und den Abtransport seiner Abfallprodukte. Die Versorgung des Knorpelmaterials über die Blutbahnen, also von innen, hört bereits im Kindesalter auf und wird durch diese besondere Form der Nährstoffzufuhr und der Müllabfuhr in umgekehrter Richtung ersetzt. Dieser Ernährungsvorgang, den die Medizin „*Diffusion*" nennt, ist vergleichbar mit einem nassen und ausgedrückten Schwamm, dem im Gelenk der Knorpel entspricht.

DIE GELENKKONSTRUKTION

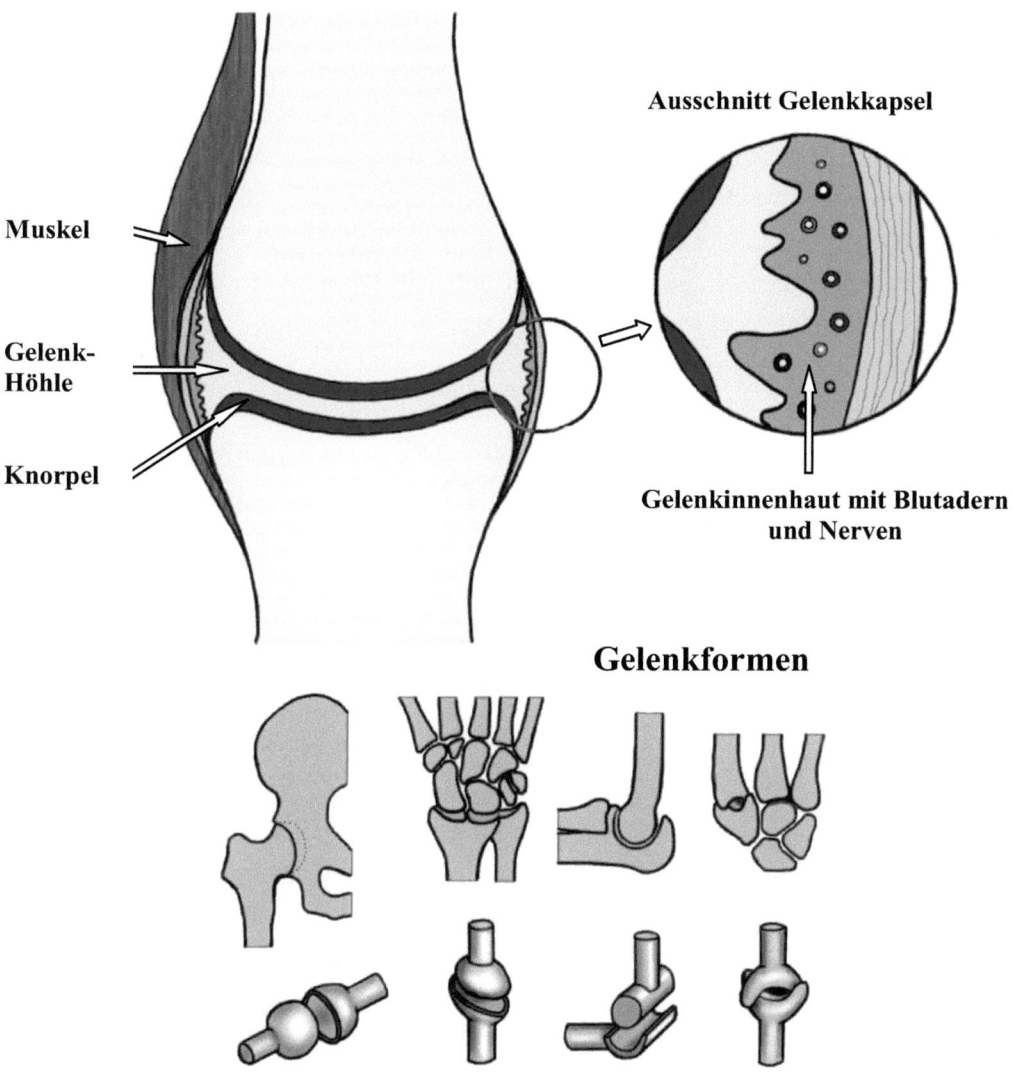

Abb. 1

Bei Druck auf die Gelenkflächen werden Abfallprodukte ausgequetscht, bei Entlastung Nährstoffe aufgesaugt (s.Abb.2)

Auch die Hülle des Gelenkes, die *Gelenkkapsel*, kann mehr als nur Verpackung und Hülse für das Gelenk zu sein. Sie besteht aus zwei Schichten, von denen besonders die innere eine immense Bedeutung für das Gelenk hat. Die *Gelenkinnenhaut*, die reich mit Blutadern und Nerven versorgt ist, produziert die Gelenkschmiere, die, wie oben erwähnt, in ihrer Zusammensetzung auch sehr wichtige Nährstoffe für den Gelenkknorpel enthält. Die äußere, aus parallel angeordneten, faserigen Bestandteilen bestehende Kapselschicht stabilisiert nicht nur das gesamte Kapselgebilde, sondern bildet mit ihren Verstärkungszügen die Bänder, die *Ligamente* des Gelenkes, die eine wesentliche Rolle für die Art und das Ausmaß der Gelenkbewegung spielen. Einige Gelenke unseres Körpers sind so stramm durch diese Bänder fixiert, dass sie nur in geringstem Umfang beweglich sind wie beispielsweise unsere Kreuz-Darmbein-Gelenke zwischen diesen so benannten Beckenknochen.

Alles, was bislang an Bestandteilen eines Gelenkes aufgelistet wurde, wäre in seiner sinnvollen Konstruktion ohne großen Nutzen, würde sogar untergehen, wenn diese Konstruktion nicht von außen bewegt würde. Ohne Bewegung ist ein Gelenk zum Ruin verurteilt, ohne Funktionsanforderung ist die Nährstoffzufuhr und der Abtransport von Schlackenstoffen eines Gelenkes, der sogenannte *Stoffwechsel*, so sehr gestört, dass es zum Gewebsuntergang kommen muss.

Die Aufgabe, ein Gelenk mobil zu machen und es mobil zu erhalten, übernimmt die *Muskulatur*, die in ihrer Anordnung und Kraftentwicklung eine Hebelwirkung auf die gelenkbildenden Skelettteile ausübt, an denen sie ober- und unterhalb des Gelenkes verankert ist. Zusammen mit der Form der knöchernen Gelenkkörper und der Stärke der das Gelenk umgebenden Bänder ist sie nicht nur für das Überleben, sondern meist auch für die *Gelenkführung* und die Stabilität des Gelenkes zuständig. Bei zunehmender Funktionsbehinderung eines Gelenkes, zum Beispiel durch eine Verschleißkrankheit, verkümmert diese Muskulatur und lässt ein Gelenk instabil und locker werden.

DIE GELENKERNÄHRUNG

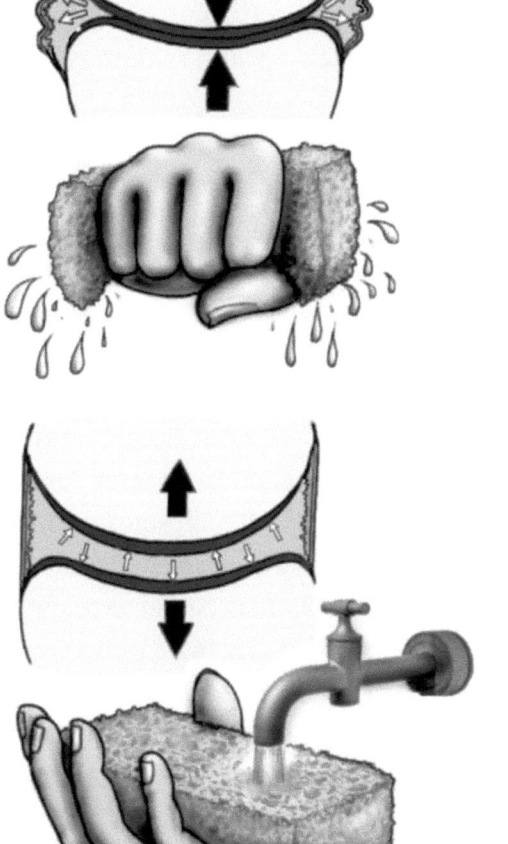

a) **Unter Belastung des Gelenkes**
   Auspressen von Schlackenstoffen

b) **Unter Entlastung des Gelenkes**
   Aufsaugen von Nährstoffen

Abb. 2

5.2 Rost im Kugellager
Die Ursachen und die Entstehung der Arthrose

Spiegelglatt wie die Eisfläche auf dem frischgefrorenen Dorfteich oder wie Omas Porzellanteller sind unsere Gelenkflächen in der Jugend. Irgendwann jedoch hinterlassen die Dorfkinder mit ihren Schlittschuhen die ersten Kratzer auf dem Eis und der herumtobende Enkel Kevin ist zuständig für den kleinen Sprung in Omas kostbarem Porzellan-Blümchenteller

So ähnlich ergeht es auch unserem glatten Gelenkknorpel. Irgendwann hat er seinen ersten Kratzer, seinen ersten Sprung in der bislang unberührten Gelenkfläche und es beginnt die unaufhaltsame Zerstörungskarriere des Gelenkes, die sich selbst unterhält und mehr oder weniger schnell verschlimmert.

Wir nennen diesen Vorgang *„Arthrose"* und wissen um die krankhaften Veränderungen in den Gelenken, seit wir die ersten menschlichen Knochen ausgegraben haben. Schon lange bemüht sich der Mensch, die Ursachen für dieses Geschehen in unseren Gelenken zu finden. Unser Wissen um mögliche Gründe für diesen Gelenkschaden und um die krankhaften biochemischen Vorgänge im defekten Gelenk hat in der Arthroseforschung schon einen hohen Stand erreicht….aber alles wissen wir noch nicht. So unterscheiden wir praktischerweise eine Arthrose, deren Ursache wir immer noch nicht kennen, von einer Arthrose, die wir als sehr wahrscheinliche Folge verschiedener krankhafter Gelenkattacken sogar vorhersagen können, wenn sie noch gar nicht aufgetreten ist.

Die erste Gruppe bezeichnen wir mit *„primäre Arthrose "*, was sich selbstverständlich viel besser anhört als „Keine-Ahnung-woher-Arthrose ". Die zweite Kategorie nennen wir *„sekundäre Arthrose",* weil sie uns als Folge nach bekannter Vorwegschädigung eines Gelenkes sehr geläufig, und, wie oben erwähnt, dementsprechend auch vorhersehbar ist. Beide haben sie jedoch eines gemeinsam, nämlich den Verlauf.

Gleichgültig, ob primäre oder sekundäre Arthrose, was sich nach dem ersten Kratzer an der Kugel des Kugellagers mit mehr oder weniger großer Geschwindigkeit als Zerstörungsvorgang der Gleitflächen abspielt, ist bei beiden Gruppen völlig identisch. Irgendwann im Laufe des noch jugendlichen oder, wie bei der primären Arthrose, des reiferen Erwachsenenalters wird zunächst der Knorpelüberzug an den Gelenkflächen von Jahr zu Jahr dünner, weicher, spröder und rauer.

Eines Tages kommt es durch irgendeine banale Alltagsbelastung zum ersten Riss im Porzellan. Aus diesem Riss treten nun abgestorbene Knorpelzellen in die Gelenkschmiere und lösen jetzt entzündliche Abwehrreaktionen der Gelenkinnenhaut aus. Entzündungszellen werden als Killer- und Fresstruppen auf die vermeintlichen Fremdkörper in der Gelenkschmiere losgelassen. Leider greifen jedoch die bei dieser Aktion freigesetzten Zerstörungssubstanzen (*Enzyme*) nicht nur die losgelösten Knorpelzellen, sondern auch die noch intakte, aber zu weiche und zu dünne Knorpelfläche sowie die Risskanten des Knorpeldefektes an. Es kommt nun zur Gelenkflächenerosion, zur nicht mehr ursächlich zu beeinflussenden Zerstörungslawine der Arthrose.

Verzweifelt versucht das Gelenk, durch wulstartige Verbreiterungen der Gelenkflächenränder (*Osteophyten*) den Aufpressdruck der Gelenkflächen besser zu verteilen, die Katastrophe nimmt jedoch weiter ihren Lauf Der Knorpel wird an manchen Stellen so abgeschliffen, dass der darunter liegende Knochen freiliegt („*Knorpelglatze*"). Unter den zerstörten Gelenkflächen bilden sich rundliche Auflösungszonen im Knochen, kleine und große Höhlen *(„Geröllzysten")*. Die hilflosen Anstrengungen des Körpers, faseriges Ersatzgewebe (*Faserknorpel*) für den abgeschliffenen Gelenkknorpel zu bilden, sind vergeblich, denn die Qualität dieser Notflicken reicht für den Alltagsdruck auf das Gelenk nicht aus. Das Fasergewebe wird bald wieder abgewetzt. Zunächst verdichtet sich auch noch der Knochen unter der dünner werdenden Knorpelschicht der Gelenkfläche. Später, wenn der Knorpel darüber völlig aufgebraucht ist, wird auch diese Etage des Knochens aufgelöst. Das Drama nähert sich nun der Gelenkruine (s.Abb.3 und 4)

Ein wichtiger, zusätzlicher Verschlimmerungsfaktor spielt vor allem bei der schicksalhaften, primären Arthrose des höheren Lebensalters eine wichtige Rolle. Die Qualität der Gelenkschmiere ist von einer ausreichenden Durchblutung der Gelenkinnenhaut abhängig, die diese Flüssigkeit ja produziert.

Mit zunehmendem Lebensalter wird jedoch, wie in manch anderen Körpergegenden, auch in dieser Region die arterielle Versorgung, hier nun der inneren Gelenkkapsel, mit sauerstoffreichem Blut schlechter und somit ebenfalls die Beschaffenheit der Gelenkschmiere.

Die Zusammensetzung der Gelenkflüssigkeit ändert sich, der Gehalt an Hyaluronsäure nimmt ab, damit verschlechtert sich nun die Schmierfähigkeit. Die Ernährung des Gelenkknorpels verringert sich durch die jetzt gestörte Vehikelfunktion der Gelenkflüssigkeit für Nährstoffe.

Zusätzlich treten nun auch in der anderen Transportrichtung Probleme auf. Das heißt bei der Entsorgung von Schadstoffen, den metabolischen Verbrennungs-Rückständen aus dem Gelenk. Die primäre Kniegelenksarthrose zum Beispiel betrifft zum großen Teil weibliche Arthrosepatienten, häufig deutlich mütterlich-übergewichtig und mit oft mehr oder weniger ausgeprägten *Krampfadern* der Beine. Diese Venenerweiterungen können nun die Abflussgeschwindigkeit des verbrauchten und schadstoffbeladenen Blutes aus dem Gelenk deutlich vermindern. Es muss zur Anhäufung von Abfallprodukten des Gelenkstoffwechsels im Gelenk und somit zur weiteren Verschlechterung der Ernährungssituation kommen. Schadstoffanreicherung, minderwertige Schmier- und Ernährungseigenschaften der Gelenkflüssigkeit und der Abwehrkampf der Gelenkinnenhaut gegen den Knorpelabrieb durch Entsendung von Entzündungssoldaten, die ebenfalls noch zusätzlichen Schaden anrichten, sind der beginnende Untergang des Gelenkes. Es fängt nun an, im Gebälk zu knirschen.

Wenn wir auch diese oben beschriebenen, biophysischen und biochemischen Vorgänge der Arthrose schon recht gut kennen, wann sie denn bei der primären, der „Schicksalsarthrose", beginnen und warum, wissen wir immer noch nicht. Somit müssen wir uns vorerst mit der vagen Theorie erbgenetisch festgelegter Minderqualitäten des Gelenkknorpels bei einer großen Zahl der Menschen zufrieden geben.

Irgendwann löst bei diesen Gelenken das Missverhältnis zwischen Belastungsanforderung und Belastungsvermögen die Zerstörungslawine aus und sie beginnt erst langsam und dann immer schneller zu rollen. Aufhalten können wir sie, wie später noch ausführlicher zu berichten ist, dann nicht mehr….es sei denn, wir gehen ihr mit Messer und Säge zu Leibe.

DIE GESUNDE UND DIE KRANKE HÜFTE

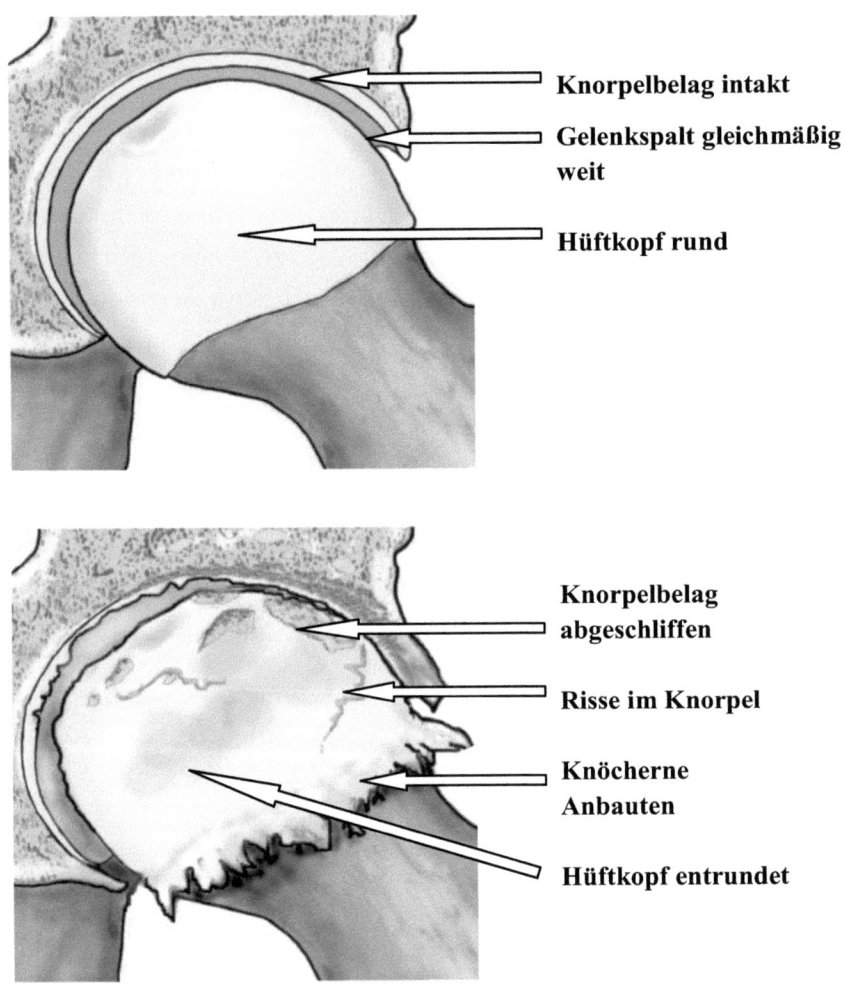

Abb.3

DAS GESUNDE UND DAS KRANKE KNIE

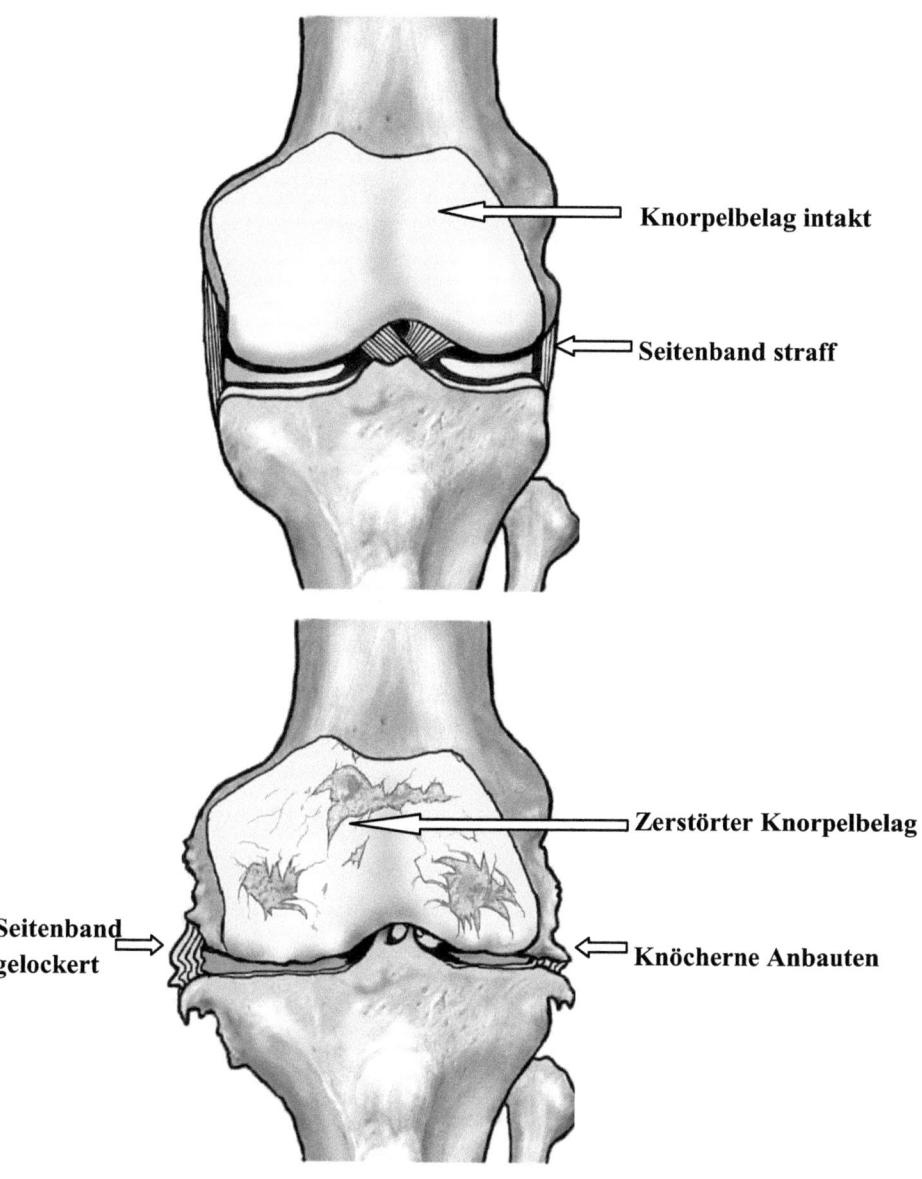

Abb. 4

Besonders betroffen sind seit unserem Aufrechtgang naturgemäß wieder die unteren Extremitäten mit den Hüft- und vor allem mit den überdurchschnittlich verletzungsanfälligen Kniegelenken. Schwere einmalige oder auch wiederholte Quetschungen der Gelenkknorpelflächen und natürlich Knochenbrüche jeder Art im Gelenk oder auch in Gelenknähe läuten das Schicksal, den Ruin des betroffenen Gelenkes ein.

Zusätzlich erhöht wird das Risiko einer Sekundärarthrose an den Kniegelenken durch abgelaufene Verletzungen der Weichteilstrukturen im und am Knie, den Bändern und den Meniskusscheiben (s.Abb.6). Auch der Laie kann sich vorstellen, dass in der Auflistung der Schädigungsursachen für ein Gelenk der *chronische Überlastungsschaden* und wiederholte *Extrembeanspruchungen* eines Gelenkes die Wahrscheinlichkeit einer arthrotischen Gelenkreaktion erhöhen können. Bei verschiedenen Berufen und auch Sportarten sind derartige Folgearthrosen nachzuweisen, wie zum Beispiel die Kniegelenke von Pflasterern, Teppich- und Fliesenlegern sowie Gewichthebern und Skirennläufen zeigen können.

Ohne Zweifel gehört auch das *Übergewicht* zu den großen Hauptverursachern vor allem der Arthrosen an Hüft- und Kniegelenken. Inwieweit es jedoch allein verantwortlich für eine Arthrose der Beingelenke zu werten ist, darf im Hinblick auf eine große Anzahl sehr runder Menschen ohne Verschleiß z.B. der Kniegelenke etwas skeptisch zu werten sein. Wenn wir davon ausgehen, dass der Übergewichtige häufig eine Abneigung gegen jede übermäßige Bewegung entwickelt, liegt hier eine vielleicht zusätzliche Erklärung in der hierbei verschlechterten Ernährungssituation der Beingelenke durch den Bewegungsmangel.

Ob letztendlich das Huhn oder das Ei zuerst da war, ob erst die Übergewichtigkeit mit Bewegungsfaulheit und eine durch beide Faktoren beginnende Kniegelenksarthrose oder erst ein beginnender Knieschaden, eine primäre Arthrose, mit zeitweilig schmerzhafter Bewegungsfunktion die körperliche Schonung auslöste, wird im Einzelfall kaum zu klären sein.

DIE FOLGEARTHROSE DES HÜFTGELENKES

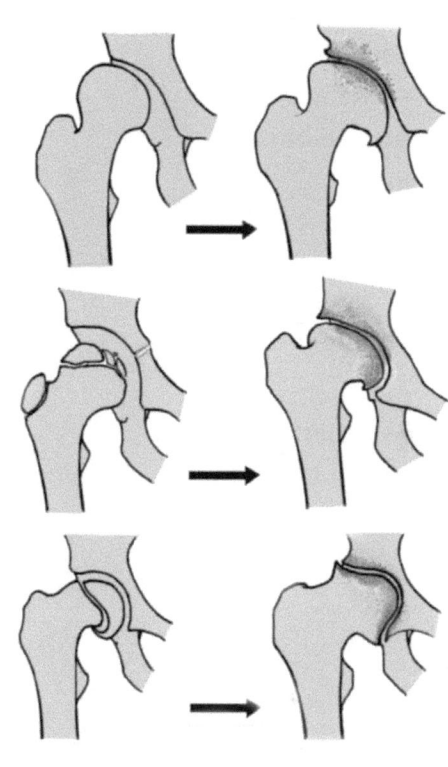

Nach angeborener Ausrenkung der Hüfte (Hüftluxation)

Nach Wachstumsstörung des Hüftkopfes im Kindesalter (Perthes-Krankheit)

Nach Lösung und Abgleiten der Hüftkopfkappe im Jugendalter (Epiphysiolyse)

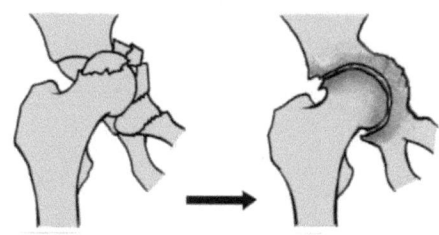

Nach allen Formen der Skelettverletzungen des Hüft-Beckenbereiches

Abb. 5

DIE FOLGEARTHROSE DES KNIEGELENKES

Nach Skelettverletzungen des Kniegelenkes und seiner unmittelbaren Umgebung

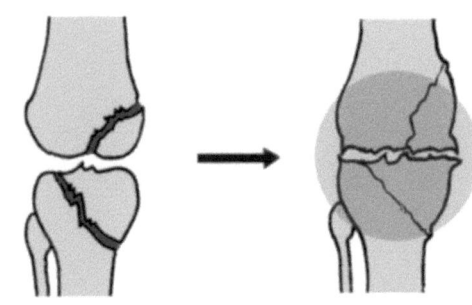

Nach Rissverletzungen der Menisken und Bänder

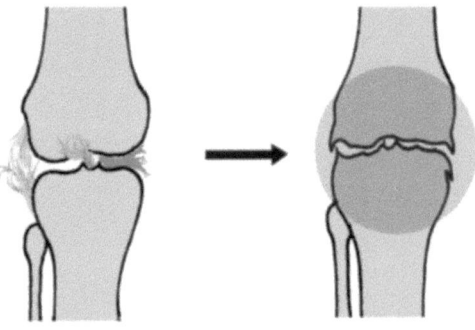

Bei Achsenverbiegungen der Beine (O- oder X-Bein)

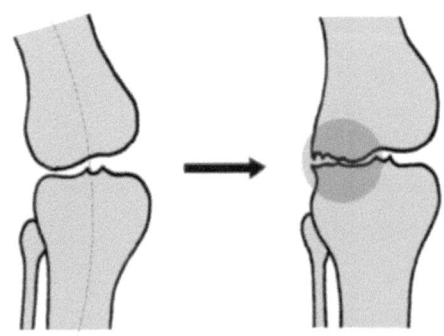

Abb. 6

Warum auch einseitig beinamputierte Menschen keinesfalls zwangsläufig in den Gelenken des erhaltenen Beines eine „Überlastungs-Arthrose" bekommen, gehört sicher auch in die kritische Betrachtung des Übergewichtes als immer wieder so selbstverständlich aufgeführten, alleinigen Arthroseverursacher durch Überlastung. Nach neueren wissenschaftlichen Erkenntnissen scheinen jedoch knorpelschädigende Botenstoffe und Enzyme auch aus überreichlich vorhandenem Fettgewebe zu entstehen, sodass die „tragende" Rolle des Übergewichtes eventuell nachrangig sein könnte.

Eine zunehmend größere Bedeutung in der Ursachenforschung der Arthrose gewinnt eine besondere Sorte von Gelenkfeinden. Hierbei handelt es sich um Heerscharen von gut organisierten Angreifern, die wir mit dem bloßen Auge ohne optische und biochemische Hilfsmittel nicht erkennen können

Die Rede ist von *Infektionen,* von *Gelenkentzündungen* durch *Bakterien,* von Jahrzehnt zu Jahrzehnt immer dickfelliger (resistenter) und aggressiver werdende Mikroorganismen, die sich im Gelenk niederlassen und hier ihre Familienplanung mit Millionen von Nachkommen verwirklichen. Sie können über die Blutbahnen, jedoch viel häufiger von außen in die Gelenke gelangen und durch ihre Giftprodukte das Gelenkgewebe zerstören. Diese Zerstörungen sind dann die sichere Basis für eine Folgearthrose.

In den letzten Jahrzehnten hat besonders die *invasive Diagnostik* und *Injektionstherapie,* das heißt, die Methodik, mit Instrumenten jeder Art in die Gelenkhöhle zu gelangen (z.B. als Gelenkspiegelung, der *Arthroskopie* oder in Form von Injektionsserien sogenannter *Knorpelaufbauspritzen*) vor allem am Kniegelenk zu einer erheblichen Zunahme solcher bakteriellen Entzündungen mit oft weitreichenden Folgen für dieses Gelenk geführt. Die Schlachtfelder dieser Myriaden mikroskopisch kleiner Killerbestien sind inzwischen nicht nur chirurgische und orthopädische Arztpraxen.

Das Übergewicht ist ein möglicherweise oft verursachender, aber sicherlich immer ein verschlimmernder Grund für eine bereits bestehende Knie- oder Hüftgelenksarthrose

Vor allem in unseren Krankenhäusern gewähren tausende von Winkeln und Nischen bereits krankenhaustypischen Bakterien Unterschlupf (*Hospitalism*us), weil profitorientierter Personalmangel die Pflegekräfte hygienisch überfordert. Nicht nur nach Gelenk- sondern vor allem nach Gelenkersatzoperationen der Hüfte und der Kniegelenke können so im operierten Gelenk durch derartige Erreger erhebliche Infektionsprobleme auftreten. Bakterien, die immer widerstandsfähiger gegen unsere üblichen Antibiotika werden, lehren uns zunehmend das Fürchten und sind bereits für tausende von Todesfällen zuständig. Sie werden heute unter dem Begriff *Multiresistente Erreger (MRE)* zusammengefasst.

Die bekanntesten sind inzwischen der *MRSA, der methicillinresistente staphylococcus aureus.* und die *ESBL -Infektion.*

Ob wir uns außerdem zukünftig noch, oder wieder, vor einem besonderen Bazillus fürchten müssen, den wir in unserem westlichen Europa schon für ausgestorben angesehen haben, wird die nächste Zukunft zeigen.

Durch unsere weit offenen Landesgrenzen ist der *Tuberkelbazillus* langsam, aber sicher wieder auf dem Vormarsch.

Nicht nur die Lungentuberkulose, auch die tuberkulösen Hüftgelenksinfektionen jugendlicher Männer häufen sich, unsere offiziellen Gesundheitsorgane halten vor dieser Tatsache jedoch noch Augen und Ohren …und vor allem den Medien-Mund, verschlossen.

Zwar von der Häufigkeit nicht gleichzusetzen mit der Volkskrankheit der primären Gelenkarthrose sind am Schluss der Rangliste noch aus der Gruppe der allgemeinen *Stoffwechselerkrankungen* zwei Gelenkschädlinge anzuführen, die in unserer konsumorientierten und alternden Wohlstandsgesellschaft eine nicht unwichtige Rolle spielen. Die Blutzuckerkrankheit, der *Diabetes mellitus,* verursacht mit seinen oft dramatischen Durchblutungsstörungen an Füßen und Beinen durch die hierbei ausgelöste Ernährungsstörung der Gelenke sehr häufig eine *diabetische Arthrose* älterer Menschen vor allem an den Gelenken der Füße.

Die *Gicht,* eine chronische Erhöhung der Harnsäure im Blut, sorgt mit der Ablagerung von hierbei entstehenden Urat-Kristallen auf den Knorpelflächen der Gelenke für eine schleichend zunehmende arthrotische Zerstörung eines Gelenkes. Hierbei spielen nicht nur erbgenetische Faktoren in der Form der primären Gicht, sondern häufig eine falsche Ernährung eine wichtige ursächliche Rolle.

5.3 Leise knirschen meine Glieder
Die Symptome der Arthrose

Heimtückisch benutzt sie die Hintertür und schleicht sich ungesehen ins Haus. Still verhält sie sich anfangs und meldet sich lange nicht. Einen „symptomlosen Verlauf" nennt der Mediziner das. Gleichgültig, welches Gelenk auch betroffen sein mag, lange Zeit verläuft die *„stumme Arthrose"* beschwerdefrei und verrichtet ihr Zerstörungswerk ohne Aufsehen. Oft wird sie rein zufällig entdeckt. Zum Beispiel bei Röntgenuntersuchungen, die gar nicht einem Gelenk gelten, sondern inneren Organen. So wurde schon manche beginnende Hüftgelenksarthrose zufällig vom Urologen oder Internisten auf dem Röntgenbild der Harnwege und Bauchorgane bemerkt. Der Patient war bis dato ohne jedes subjektive Gelenkproblem.

Röntgenzeichen eines Verschleißschadens können also lange vor den ersten Schmerzen vorhanden sein. Typische körperliche Symptome sind zu Beginn des Leidensweges eher spärlich vorhanden.

Eines der Frühzeichen ist das Gefühl, ein wenig „eingerostet" zu sein, wenn man sich, beziehungsweise das betroffene Gelenk, eine Weile nicht bewegt hat. Oft ist die Bewegung auch mit *Gelenkgeräuschen* verbunden, die der Eigentümer des Gelenkes eher spürt, als dass es seine Umgebung hört. Jedoch sind, besonders im Knie, auch laute Knirsch- und Knacklaute möglich, die dann ebenso für den Nahestehenden vernehmlich sein können. Dann kommt irgendwann der erste kurze Schmerz im Gelenk, wenn man dieses nach längerer Ruhepause wieder betätigt. Morgens etwa, nach der Nachtruhe. Oder nach ausgiebiger Fernsehsesselsiesta, wenn wir aufstehen, weil wir mal wohin müssen.

Die ersten steifen Schritte schmerzen jetzt im Knie oder in der Hüfte kurzfristig, bis zum Örtchen hat sich das jedoch wieder gegeben. Man nennt dieses typische Symptom *„Anlaufschmerz"*. Es ist der frühzeitige Warnschuss unseres Knie- oder Hüftgelenkes, der erste Hinweis auf die grauen Haare im Gelenk.

Selbstverständlich gibt es diesen kurzen Erstschmerz bei Belastung nach längerer Ruhigstellung eines beginnend verschlissenen Gelenkes auch an allen anderen Gelenken unsere Körpers. Anfänglich verschwindet der Schmerz bei weiterer Gelenkbetätigung, von Mal zu Mal dauert es jedoch immer länger, bis das Gelenk nicht mehr weh tut.

Dann kommt der Tag, an dem der Schmerz nur noch nachlässt, wenn das Gelenk völlig aus dem Verkehr gezogen, wieder ruhig gestellt wird. Jetzt beantwortet das Gelenk jeden Versuch der erneuten Belastung mit zunehmenden Schmerzen, der Dauerschmerz erfordert nun spätestens jetzt dringend ärztliche Behandlung.

Ein weiteres klassisches Zeichen für das bereits bestehende Missverhältnis zwischen dem Leistungsvermögen eines Gelenkes und der Leistungsanforderung an diese nicht mehr intakte, gelenkige knöcherne Verbindung überrascht uns natürlich dann, wenn wir gar nicht damit rechnen und es auch überhaupt nicht brauchen können. Beispielsweise im Urlaub. Im vollen Vertrauen auf das, was wir mit 30 Jahren problemlos bewältigten, haben wir, ausgerüstet mit Rucksack, Nordic-Walking-Wanderstöcken und dem Trainingsstatus eines Laternenpfahls, einen Tiroler Touristenhügel erklommen. Zwei Stunden bergauf bis zur Almen-Jause mit verächtlichem Blick auf die einladende Gondelbahn an der Talstation haben unserem Körper bewiesen, was der Mann im besten Alter noch bringen kann.

Beim Rückweg jedoch, auf der halben Bergabstrecke etwa, beginnt das Kniegelenk erbärmlich zu zwicken. Bis in den Pensionsgasthof schleppen wir uns gerade noch, dann geht nichts mehr. Der Held der Berge hat ein dickes, rotes und heißes Knie und kann kaum noch einen Schritt gehen. Auf den Barhocker schafft er es am Abend nur mit Hilfe der besten Ehefrau von allen. Hier in flüssiger Form reichlich genossene Schmerzmittel gestalten die Nacht einigermaßen erträglich.

Die ärztlichen Untersuchungen des Kniegelenkes zeigen tags darauf einen beginnenden, bis dahin unbekannten Verschleißschaden. Dieses erstmalige, uns für einige Tage erhalten bleibende Protestgeschrei unseres Kniegelenkes nennen wir eine „*aktivierte Arthrose* ". Ein akuter, entzündlicher Reizzustand der Weichteilgebilde, vor allem der inneren Gelenkkapsel, als Antwort auf die Überforderung des nicht mehr ganz taufrischen Gelenkes. Bei Gelenkschonung und entsprechend intensiver Behandlung klingt dieses Ärgernis nach ein paar Tagen wieder ab und so mancher hat das Wort „Arthrose" zu Hause bald verdrängt......bis zur nächsten Attacke, ein halbes Jahr später vielleicht, nach dem übertrieben langen Jogging auf einer Asphaltstraße oder nach der Tanznacht auf dem Betriebsfest.

Die Arthroselawine rollt nun immer schneller, jetzt treten die oben beschriebenen Symptome der Anlauf- und Belastungsschmerzen im Alltag auf, das Gelenk zeigt jetzt erste Bewegungseinschränkungen, die Muskeln, die das Gelenk führen, verkümmern bereits von außen erkennbar. Am Gelenk selbst sind inzwischen gleichfalls tast- und sichtbare Formveränderungen zu bemerken, auch von den Mitmenschen vernehmbare Knack- und Knirschgeräusche sind nun der Zeigefinger für die grauen Haare im Knie.

Dies alles gilt, wie schon erwähnt, prinzipiell für jedes betroffene Gelenk, ist natürlich besonders auffallend an den großen Gelenken unserer Beine, an den Hüft- und Kniegelenken. Tag für Tag müssen sie ja eine unvorstellbare statische Arbeit leisten seit wir unsere Beine und Füße nicht mehr nur zum Festkrallen auf Baumästen, zum Werfen von Kokosnüssen oder noch als Flossen im Korallenriff benutzen.

Eine bereits fortgeschrittene Arthrose zu erkennen, schafft auch der fernkursgebildete Hilfsheiler im gestärkten Weißkittel und der Fielmann-Fensterglasbrille mit dunklem Horngestell.

Die ersten Anzeichen dieser Krankheit jedoch richtig zu deuten, ist auch für den Fachmann keinesfalls immer einfach und scheitert oft an zwei Dingen.

Zum Einen an der Heimtücke dieser anfänglich symptomenarmen Erkrankung und zum Anderen – zumindest beim männlichen Geschlecht- an der Verharmlosung und Leugnung der ersten Warnsignale.

5.4 Suchet und Ihr werdet finden
Die Diagnose der Arthrose

Eigentlich müsste die Diagnosearbeit schon in der Zeit vor den ersten Gelenkschmerzen, vor dem wiederholten Anlaufschmerz oder vor dem ersten Mal der akuten Arthroseaktivierung beginnen. Es geht um den Zeitraum, der möglicherweise für die erfolgreiche Behandlung des beginnenden Aufbrauchschadens eines Gelenkes sehr wichtig wäre, um den Zeitabschnitt der hinterhältigen Tarnung, um die symptomenlose oder zumindest symptomenarme Einschleichperiode der Arthrose.

Immer wieder bewundert der Humanmechatroniker, also der Orthopäde, die enorme Anpassungsfähigkeit des menschlichen Bewegungs- und Stützapparates. Es ist erstaunlich, wie lange es oft braucht, bis ein Mensch die zunehmende Funktionseinschränkung und Leistungsminderung eines seiner Gelenke erkannt... und auch zugegeben hat.

Hier muss der Autor auch als überzeugtes Mitglied der männlichen Gattung leider das eigene Nest ein wenig beschmutzen. Besonders sind hier nämlich Männer gemeint, die oft nur unter Androhung schärfster häuslicher Sanktionen einschließlich ehelicher Entziehungsmaßnahmen seitens des weiblichen Partners zu einem Arztbesuch überredet werden können. Denn die Erstdiagnose beispielsweise einer Knie- oder Hüftgelenksarthrose stellt häufig eher unbewusst die Ehefrau im heimatlichen Bad oder anlässlich des Einkaufbummels. Geduldig muss sie die unwirschen Reaktionen des Königs der Löwen über sich ergehen lassen, wenn sie eine deutliche Asymmetrie seiner Pobacken beim Gang in die Dusche oder die Veränderung seiner Körperhaltung beim Schuhanziehen feststellt. Wenn sie ihn beim Stadtgang auch noch darauf aufmerksam macht, dass sein Gangbild etwas unrund geworden ist (Das Wort „Hinken" wagt sie gar nicht erst auszusprechen) bewegt sie sich bereits am Rand des Ehefriedens.

Muss er dann das schlimmste Männer-Martyrium, den Einkaufsbummel, jetzt schon nach einer Stunde mit einer Sitz-, Kaffee- oder Pils-Pause unterbrechen, weil er ein wenig „beinmüde" geworden ist, dann sind das bereits keine bimmelnden Alarmglöckchen mehr, sondern es ist schon ein ordentliches Alarmglockenläuten.

Jedoch sind es auf diesem Planeten nur wenige Ehefrauen, die ihren Göttergatten in diesem Stadium eines angehenden Knie- oder Hüftgelenkschadens zum Besuch des Orthopädiedoktors überreden können. Sollten es jedoch überirdische weibliche Fähigkeiten fertigbringen, die Krone der Schöpfung in die orthopädische Arztpraxis zu schieben, zu zerren oder in irgendeiner Form betäubt zu transportieren, wird hier der Facharzt bereits einige Dinge feststellen, die auch den maskulinen „Forever-Young"-Fanatiker etwas kleinlauter werden lassen.

Mit tastenden Händen, mit Maßband, Winkelmesser am (hoffentlich!) hosenbefreiten Knie und schließlich mit Hilfe des Röntgengerätes diagnostiziert nun der Fachmann die Anfangsarthrose von Hüfte oder Knie bei oft schon deutlichem Substanzverlust *(Muskelatrophie)* einiger für die Gelenkführung maßgebenden Muskeln an Gesäß und Oberschenkel; zeitweise schon mit deren Verkürzungen und Schrumpfungen (*Kontrakturen*) sowie unter Einschränkungen der Gelenkfunktion in typischen Bewegungsrichtungen. Das Röntgenbild bestätigt abschließend nach der körperlichen Untersuchung die dringende Verdachtsdiagnose mit mehr oder weniger ausgeprägten Arthrosesymptomen der gelenkbildenden Skelettteile.

5.5 Die Arthrose der großen Beingelenke
Die Kniegelenksarthrose

Das Kniegelenk ist das größte Gelenk unseres Körpers. Seine komplizierte und komplexe Funktion als Gleit-, Roll- und Scharnierverbindung zwischen Ober- und Unterschenkelknochen mit der keinesfalls nebensächlichen Funktion auch der Kniescheibe ist der Medizin im Detail erst seit Benutzung unserer elektrotechnischen Untersuchungsmethodik genauer bekannt. Da im Gegensatz etwa zum Hüftgelenk auch eine knöcherne Führung der beiden Kniegelenkspartner völlig fehlt, sind bei deren reiner Weichteilabsicherung eine extreme Beanspruchung der Gelenkflächen und eine hohe Verletzungsanfälligkeit die Folge. Betrachtet man außerdem noch die seit unserem Entschluss zum Aufrechtgang an beiden Beinen geforderte statische Belastung durch unser Körpergewicht sowie den stetigen Kampf um unser Gleichgewicht und gegen die Schwerkraft, ist dieses Gelenk, wie kein anderes, für den Verschleiß schicksalhaft vorprogrammiert.

So ist der Anteil der Knie-, wie auch der im nächsten Kapitel zu betrachtenden Hüftgelenksarthrose gegenüber dem Befall aller anderen Gelenke überdurchschnittlich hoch. Bezogen auf alle möglichen Arthrosen unseres Körpers sind – mit Ausnahme der Wirbelsäule – die Kniegelenke mit 60% die stärkste Gruppe. In der Geschlechterverteilung dominieren die Frauen mit 41% gegenüber den Männern mit 30% nach etwa dem 55. Lebensjahr.

Neueste wissenschaftliche Erkenntnisse zeigen uns jedoch, dass sich die primäre Arthrose, also der Untergang unserer Gelenkflächen ohne jegliche bekannte Vorschädigung, offensichtlich schon viel früher entwickelt, als wir bislang vermuteten. Also auf leisen Sohlen deutlich vor dem 50. Bis 60. Lebensjahr.

Auch intensive, neuere Forschungen, beispielsweise an Zwillingspaaren, müssen sich weiterhin und vorerst mit der Aussage begnügen, dass offensichtlich eine Reihe genetischer Faktoren in ihrer Kombination eine Arthrose, besonders die der Kniegelenke auslösen. Eine fassbare einzelne Ursache kennen wir für diese Arthroseform bislang nicht.

Viel einfacher hat es der kniearthroseforschende Blick des Doktors mit der Prognose einer wahrscheinlichen Gelenkflächenschädigung des Kniegelenkes und der möglichen Arthrosefolge bei angeborenen oder erworbenen Fehlstellungen der Kniegelenkspartner, bekannten älteren Gewalteinwirkungen mit Knochenbrüchen oder Bänderzerreißungen und bei jeder Art früher erfolgter, operativer Eingriffe am oder im Kniegelenk.

Ob es das allseits bekannte O-Bein des Pferde-Jockeys oder das bereits mehrfach operativ zusammengeflickte Kniegelenk des Rechtsverteidigers vom FC Schienbeinbruch ist. Oder ob es der nicht mehr ganz so junge Skirennfahrer ist, dessen gebeugte Kniegelenke bei seinen Schussfahrten über alpine Buckelpisten tausendfache und tonnenschwere Schläge auffangen mussten und dessen Innenmeniskusscheiben bereits herausgenommen wurden. Alle diese Arthrosekandidaten brauchen keine Wahrsagerin mit blauer Kugel für das Schicksal ihrer Kniegelenke.

Auch die Wahrscheinlichkeit von wiederholten *Mikroschäden* der Kniegelenks-. und hier vor allem der Kniescheibenknorpelflächen mit ausgedehnteren Abrieb- oder Abscherverletzungen, sind bei vielen Sportarten gegeben. Gewichtheber, Diskuswerfer, Fallschirmspringer, Handballer und viele Kampfsportler sind außerdem durch Extrembeanspruchungen der Kniebandstrukturen als erheblich gefährdet anzusehen.

Wenn bereits mehrfache sportärztliche Diagnosen von Teilrissen der Kniegelenksinnenbänder (Kreuzbänder) oder Seitenbänder vorlagen oder gar operativ versorgt wurden, ist die Chance auf den Folgeschaden des Kniegelenkes, die Sekundärarthrose, besonders günstig.

Spitzenreiter in der Verursacherliste ist hierbei eine Kombinations-Sportart in Europa, die Rugby, Karate, Wrestling, Kick-Boxen und Weitspucken (auf Rasen oder Gegner) miteinander kombiniert, also der Fußballsport. Die Röntgenbilder der Kniegelenksruinen so manchen Fußballers erscheinen jedoch weniger oft im Fernsehen als sein martialisch-markig entschlossenes Gesicht bei der Mannschaftsreihenaufstellung vor Spielbeginn und beim Absingen der Nationalhymne.

Von großer Bedeutung im Arthrosekomplex des Kniegelenkes und zuständig für eine große Zahl von Kniebeschwerden ist auch ein lange unterschätzter, sehr enger Partner des Knie-Hauptgelenkes, unser *Kniescheiben-Kniegelenk*. Es waren viele biomechanische Forschungsergebnisse nötigt, bis die Medizin die Bedeutung dieses Gelenkes für die Kraft und Statik des Knies erkannte und würdigte.

Die Kniescheibe (*Patella*) bewegt sich wie eine Seiltänzerin in einem höchst labilen, muskulären Gleichgewicht vor unserem Knie. Bereits geringe Fehlstellungen oder Fehlformen der Patella beziehungsweise ihres Gleitlagers am Oberschenkel können in Verbindung mit erlittenen Verletzungen oder chronischen Überlastungsschäden zu Zerstörungen der Gleitflächen führen. Wie oft ein unschuldiger Meniskus oder irgendeine nebulöse „Bänderzerrung" als unschuldige Prügelknaben den Kopf hinhalten mussten, wenn ein Gelenkflächenschaden dieses Gelenkes nicht erkannt wurde, wird wohl immer im Dunkel bleiben. Die Arthrose des Kniescheiben-Kniegelenkes hat tatsächlich in ihrer Schmerzsymptomatik viele Gesichter.

Ein langes Gesicht machte auch schon so mancher Operateur, der in der Erwartung eines Meniskusschadens ein Kniegelenk aufmachte, zwar keinen eingerissenen Meniskus, dafür aber ein knorpelkrankes Kniescheiben-Kniegelenk fand.

Auch wenn wir uns an den Anlass für eine erlittene Prellung unseres Kniegelenkes nicht immer gerne erinnern, das Knie jedoch vergisst diese Verletzung nicht.

Typische, dieses Gelenk besonders belastende Berufe, extreme Freizeitbeanspruchungen, frühere Verletzungen, Funktionsgeräusche und gleichfalls charakteristische Beschwerden des Patienten weisen dem Fachmann schon den Diagnoseweg. Häufig ist das sogenannte „giving-way-Phänomen" in der Beschwerdeschilderung schon richtungsweisend. Hierunter versteht der Fachmann den in Sekundenbruchteilen auftretenden Kräfteverlust eines Beines bei Gehbelastung beispielsweise beim Treppabsteigen. Fehlstellungen der Kniescheibe und auf Spezialaufnahmen erkennbare Fehlformen der Kniescheiben und ihrer Gelenkflächen sind dann die festzustellenden, anatomischen Grundlagen der funktionspathologischen Symptome.

Wie immer sich auch unbekannte und bekannte Verursacher einer primären oder sekundären Kniegelenksarthrose nennen mögen, die körperlichen Symptome und die objektivierbaren Zeichen der medizinisch-technischen Diagnostik sind identisch. Vom Anlaufschmerz (s.Kap.5.4) über Funktionsgeräusche und wiederholte, entzündliche Arthroseaktivierungen bis hin zu Muskelschwund, Gelenkdeformation und zunehmende Beuge- und Streckbehinderungen des Kniegelenkes läuft mit erbarmungsloser Präzision die fortschreitende Zerstörung des Gelenkes ab.

Die Geschwindigkeit dieses Prozesses kann dabei ebenso wie die Schmerzintensität bzw. Schmerztoleranz durchaus individuell unterschiedlich sein. Wie bereits erwähnt, können im Röntgenbild sichtbare, erste Aufbrauchschäden keinesfalls immer Rückschlüsse auf die Beschwerden des Knieeigners zulassen. So ist dem Fachmann durchaus geläufig, dass eine beginnende, schmerzarme Kniegelenksarthrose bei nicht mehr vollständig streckbarem Kniegelenk eine „funktionelle" Beinverkürzung bewirken kann. Der hierdurch folgerichtig entstandene Beckentiefstand mit Kreuz- oder Hüftschmerzen des Betroffenen führt somit oft erst über Umwege zur Entdeckung der Kniegelenksarthrose. Oft genug ist es die Familie, der Ehepartner, sind es die Kinder, die Auffälligkeiten beim Gehen, Aufstehen, Hinsetzen entdecken.

In der Ausübung vieler beruflicher Tätigkeiten ist häufig auch wiederholtes Knien erforderlich. Unser Kniescheiben-Kniegelenk ist über diese Form seiner wiederholten Ernährungsstörung genauso wenig erfreut wie ......

...über zu langes, ununterbrochenes Knien, das die Knorpelqualität im Kniegelenk durch die hierdurch mangelhafte Knorpelernährung nachhaltig schädigen kann.

Dinge, die der oder die Betroffene verdrängt, ignoriert und versteckt…. oder mit Ausweichbewegungen kompensiert hat. Ist sie letztendlich aus ihrem Versteck hervorgekrochen, die unerbittliche Gelenkdestrukteuse, wird es natürlich höchste Zeit für sinnvolle Gegenmaßnahmen, für die Therapie. Näheres und Ausführlicheres zur Vokabel „sinnvoll" wird im Kapitel 6 über die Arthrosetherapie zu bereden sein.

Die Hüftgelenksarthrose

Das zweitgrößte Gelenk unseres Körpers ist ein knöchern geführtes Kugelgelenk mit Bewegungsachsen in allen Richtungen des Raumes. Theoretisch könnten wir somit all die Dinge mit dem Hüftgelenk tun, die wir einst auf den Bäumen auch beherrschten, aber eben nur theoretisch.

Abgesehen von einigen, häufig asiatischen Artisten, die extremste Hüftfunktionen an Stangen und Seilen von Kindheit an trainiert haben und von einigen „Damen", die sich mit ihren albernen, pseudoerotischen Gliedmaßenverrenkungen an Metallstangen und auf Nachtlokalbühnen produzieren, sind wir ziemlich steife Zivilisationskrüppel geworden. Wir sind auf die Funktionsreste angewiesen, die wir in Jahrmillionen als Tribut für den Aufrechtgang mit allen Beingelenken überwiegend geübt haben, auf das Stehen und Laufen. Die Muskeln des Beckens und der Oberschenkel haben wir für diese Tätigkeit sorgsam trainiert, sie ermöglichen uns nun entweder das Beugen, Strecken und Drehen unseres Beines - oder nach Bedarf alle drei Bewegungen auf einmal. Nur die Fähigkeit, uns mit einem Fuß hinter dem Ohr zu kratzen, mit den Füßen Kokosnüsse zu greifen oder uns mit den Zehen festhaltend am Baumgeäst hängen zu lassen, haben wir heute leider verloren.

Die Muskeln des Gesäßes und Oberschenkels sind aber auch verantwortlich dafür, dass wir aus der Sitz- oder Bückhaltung wieder in die Senkrechte finden. Sind sie einseitig defekt, wird auch unser Gangbild disharmonisch, unser Becken steht schief, wir funktionieren als Zweibeiner nur noch inkomplett.

Zu den vielfältigen Störenfrieden dieser für unseren Alltag notwendigen Funktionsharmonie unseres Hüftgelenkes gehört vor allem die Hüftgelenksarthrose. Wie an allen Gelenken sind es auch hier auslösende Faktoren, die wir kennen und solche, über deren Herkunft wir nur theoretisieren können.

Über die Entstehung der primären Hüftgelenksarthrose wissen wir ebenso wenig wie über die Primärarthrose an allen anderen Gelenken unseres Körpers auch. Dieses wurde schon bei den Erläuterungen zur Kniegelenksarthrose beschrieben. Anders sieht es hingegen bei den Gründen für eine Folgearthrose, für die Sekundärarthrose, an der Hüfte aus.

Wie an keinem anderen Gelenk unseres Körpers ist es hier eine gestörte Funktionsharmonie der Gelenkpartner, die mit Form- und Positionsfehlern für ziemlich sicher vorauszusagende Spätschäden im Gelenk sorgen.

Besonders die im Säuglings,- Kindes- und Jugendalter abgelaufenen und nicht erkannten, wachstumsspezifischen Erkrankungen mit Passformschäden der Hüfte (s.Abb.5) besiegeln schon früh das Gelenkschicksal. Vor allem dann, wenn sie zu spät, oder gar nicht erkannt wurden. Das Missverhältnis zwischen Hüftkopf und Hüftpfanne führt zwangsläufig zu krankhaften Überlastungszonen an den Gelenkflächen mit Druckspitzen und der logischen Zerstörung des Gelenkknorpels in diesen Bereichen. Hier wird oft schon frühzeitig bereits beim jungen Erwachsenen die Hüftgelenksarthrose mit allen sich daraus ergebenden Alltagsfolgen diagnostiziert.

Angeboren ist der bereits unmittelbar nach der Geburt bestehende Stellungsfehler des Hüftkopfes zur Hüftpfanne, die *Hüftgelenksausrenkung (Luxation)* wobei der Oberschenkelkopf teilweise oder ganz aus der Hüftgelenkspfanne herausgerutscht ist, bzw. schon in der Gebärmutter noch gar nicht in der Pfanne zu finden war.

Eine Knorpel-Knochenaufbaustörung des Hüftkopfes mit der Folge eines zu weichen und dadurch sich deformierenden Hüftkopfes ist die *Pertheskrankheit* des Kleinkindes, die unerkannt oder mangelhaft behandelt das Schicksal der Hüfte besiegelt.

Die pubertäre und hormonelle Beeinträchtigung der Wachstumszone (Epiphyse) zwischen Hüftkopf und Schenkelhals lässt einen Teil des Hüftkopfes, die Hüftkopfkappe, abrutschen.

DAS GESUNDE HÜFTGELENK

(Halbschematischer Schnitt)

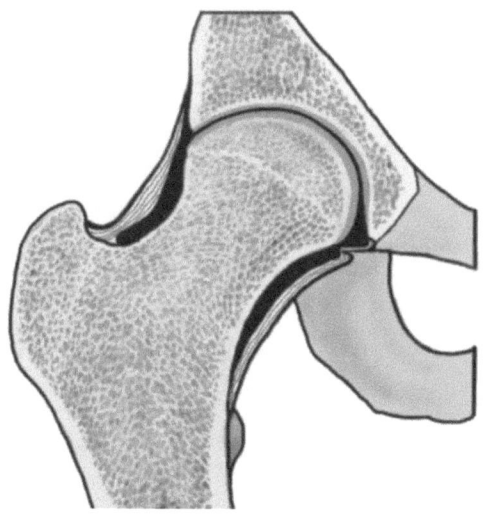

Röntgenbild

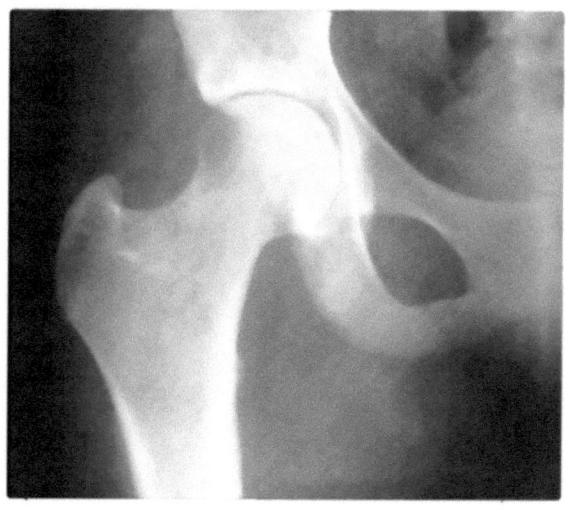

Abb. 7

DAS KRANKE (ARTHROTISCHE) HÜFTGELENK

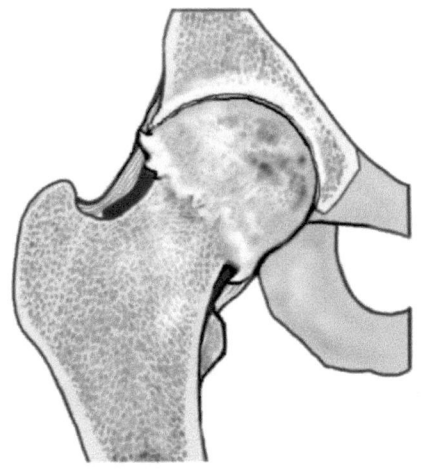

Röntgenbild

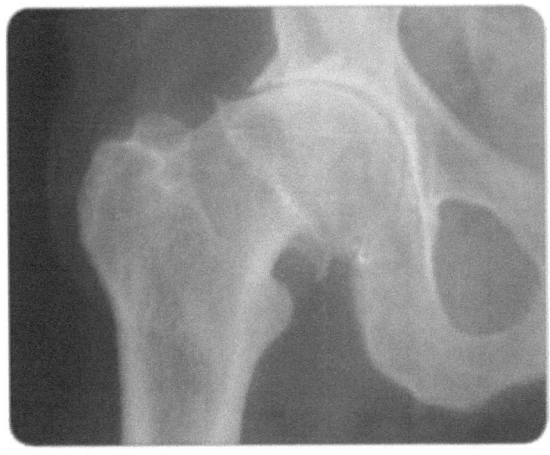

Abb. 8

Die Hüftkopfkappenlösung (*Epiphysiolyse*) ist ohne die unbedingt erforderliche operative Therapie durch die schwere Hüftkopfverformung gleichfalls eine Katastrophe für die reguläre Hüftfunktion. Mit 28% ist diese oft unerkannte Erkrankung die häufigste Ursache für die sekundäre Hüftgelenksarthrose.

Oft bis in das reife Erwachsenenalter unerkannt bleibt ein Formfehler des obersten Oberschenkels. Der Winkel zwischen Hüftkopf und Oberschenkelhals kann zu steil sein (*Coxa valga*) und verursacht mit der übermäßigen Druckbelastung der oberen, seitlichen Hüftpfanne durch den Hüftkopf die hier als sekundäre Arthrose einsetzende Abschlifferkrankung.

Wie an allen anderen Gelenken sind auch an der Hüfte degenerative Folgeschäden nach *bakteriellen* oder *rheumatischen Entzündungen*, nach *Stoffwechselerkrankungen* (Gicht, Diabetes) und selbstverständlich nach *Verletzungen* der knöchernen Strukturen möglich. Bei der stabilen Gelenkführung kommen bei Knochenbrüchen hierbei vor allem Schenkelhalsbrüche und weniger der Hüftkopf und die Hüftpfanne in Frage.

Lediglich durch eine Röntgenuntersuchung ist bei älteren Menschen ein „Auswandern" des Hüftkopfes in die Tiefe der Hüftpfanne, in Richtung des kleinen Beckens nachweisbar. Der Pfannenboden ist hierbei meist durch eine Knochenerweichung (*Osteoporose*) nachgiebig und verformbar geworden, auch dadurch ist der Untergang der Hüfte programmiert.

Selbstverständlich sollte auch bei der Annahme einer vorliegenden Hüftgelenksarthrose eine saubere, fachärztliche Diagnostik am Anfang aller weiteren therapeutischen Entscheidungen stehen. Neben der Befragung nach z.B. kindlichen Vorerkrankungen der Hüfte und der körperlichen Untersuchung des Patienten gehört natürlich die medizinisch-technische Diagnostik, also in der fachärztlichen Praxis in erster Linie das Röntgen zur Voraussetzung weiterer ärztlicher oder anderweitiger therapeutischer Maßnahmen.

Wenn die Röntgendiagnostik bereits einen schweren Zerstörungsschaden der Hüfte zeigt, ist eigentlich eine weitere aufwändige Strahlendiagnostik unsinnig und nur bei unklarem Röntgenbefund erforderlich. Wer wird wohl bei einer wackeligen und kurz vor dem Zusammenbruch stehenden Scheune auch noch die Anzahl der zerbrochenen Dachziegel und die Zahl der Risse in den morschen Balken vor dem Neubau der Scheune zählen wollen…? Etwas anderes macht eine Computertomographie oder ein Kernspintomogramm bei einer bereits röntgenologisch gesicherten, schweren Hüftgelenksarthrose auch nicht. Über die Gründe solch merkwürdiger Routine-Überweisungen wird an anderer Stelle dieses Buches noch sinniert werden.

5.6 Was uns sonst noch bewegt
Die Arthrose der anderen Gelenke

Manche Gelenke unseres Körpers nehmen wir ein ganzes Leben lang nicht richtig zur Kenntnis. Nicht, weil sie unwichtig wären, sie sind einfach da, sie funktionieren problemlos und unauffällig. Erst, wenn sie uns ärgern, wenn sie schmerzen, registrieren wir sie. Natürlich ziemlich ungehalten, weil diese Schmerzen unseren Alltag sehr stören können.

Tausende Male täglich betätigen wir zum Beispiel unsere Greiforgane, bewegen jeden Abschnitt unserer Wirbelsäule, treten auf unseren armen Füßen herum oder strapazieren unsere Kiefergelenke durch das Herumkauen auf lederharten Steaks oder der Pizza aus dem Supermarkt.

Für jede einzelne Körperaktion haben wir Gelenke. Meist mehrere, die als Team zusammenarbeiten. Wie Schulter-, Ellbogen-, Hand- und Fingergelenke, durch deren Funktionsharmonie wir unendlich viele Dinge unseres Alltags erledigen können, seit wir sie nicht mehr vorwiegend zum Klettern und Festhalten in den Baumwipfeln des Dschungels brauchen.

Wer weiß schon, dass die Gelenkverbindungen zwischen 24 Wirbeln unseres Körpers sowie zwischen Wirbelsäule, Kopf und Becken extrem betätigt werden müssen, wenn wir uns rasch bücken, um einen (natürlich fremden) Fünfzig-Euroschein vom Bürgersteig aufzuklauben.... Oder uns beim Ballsport verdrehen und verrenken, um einen kleinen oder großen Ball mit und ohne mechanische Hilfsmittel wieder wegzuschlagen, wegzuwerfen oder wegzutreten, weil wir ihn aus irgendwelchen, völlig unverständlichen Gründen nicht behalten wollen. Dass unsere oben bereits erwähnten Kiefergelenke nicht nur beim Zerbeißen zäher Reste toter Tiere unklarer Herkunft eine entscheidende Rolle spielen können, entdeckt der Mensch manchmal auch nach dem ausgiebigen Gähnakt am frühen Morgen, wenn er mit einer Blockade dieser Gelenke den Mund nicht mehr schließen kann.

Ein Vorgang übrigens, der den Autor davon träumen lässt, dass dies manchem Politiker beim Interwiew und manchem Dummbabbler in Fernseh-Talkrunden gut zu Gesicht stehen würde….und zwar als Zustand von langer, sehr langer Dauer…und sehr spät eintreffendem ärztlichen Notdienst!

Alle diese Gelenke haben auch nach ihren Jahrtausende alten, unterschiedlichen funktionsangepassten Formen das gemeinsam, was bereits ausführlich beschrieben wurde. Den anatomischen Aufbau, die Biofunktionen des Gelenkes, aber leider auch die Neigung, irgendwann einmal dem Aufbrauch, der Arthrose, zum Opfer zu fallen. Auch die Ursachen für diesen Vorgang sind die gleichen, wie bei den beschriebenen großen Gelenken. So unterscheiden wir an den kleineren Gelenken ebenfalls eine primäre, schicksalhafte Arthrose von einer sekundären Arthrose, deren Auftreten als Folge nach erlittenen Gelenkschädigungen unterschiedlichster Art bereits programmiert ist. Bis auf die Arthrosen der Wirbelgelenke, die nach neuesten wissenschaftlichen Erhebungen in ihrer Häufigkeit fast schon an die Zahlenwerte von Knie- und Hüftgelenken grenzen, erreichen in der Statistik natürlich die Arthrosen zum Beispiel des Großzehengrundgelenkes oder der Fingergelenke nicht annähernd die Zahlendimensionen der beschriebenen großen Gelenke.

Wer aber an sich selbst die täglichen Schmerzen und Funktionsbehinderungen eines arthrotischen Fingermittel-, Daumensattelgelenkes, Schulter-, Ellbogen- oder Handgelenkes bei jeder noch so kleinen Alltagsbelastung erlebt hat, dem ist diese Statistik ziemlich gleichgültig. Der möchte nur schnelle Abhilfe.

Es würde den Rahmen dieses Buches übersteigen, für jedes kleinere Gelenk unseres Körpers im Einzelnen Schmerzart, Funktionsstörung und spezielle Einzeltherapie zu besprechen. Das ist nicht erforderlich, da anatomischer Gelenkaufbau, die schleichend zunehmende Gelenkflächenzerstörung, der symptomenarme Beginn und die fortschreitende Funktionseinbuße allen Gelenken zu Eigen sind. Letztlich gleichen sich auch die später noch zu besprechenden Prinzipien der Therapie weitgehend.

Besondere Beachtung verdienen jedoch drei Gelenke, bzw. Gelenksysteme, die in unserem Alltag überdurchschnittlich oft erkranken. Das mit vielen Einzelgelenken in einem Gelenkverbund arbeitende „Organ Wirbelsäule" ist mit schicksalhaften (Primär-) und mit Folge- (Sekundär-) Arthrosen zum Beispiel bei Aufbrauchschäden der Bandscheiben für eine große Anzahl sogenannter *„Degenerativer Lumbalsyndrome"* zuständig. Wie oben erwähnt, erreicht die Zahl der Wirbelsäulenkranken aufgrund von Wirbelgelenksarthrosen bereits annähernd die Frequenzen von Knie und Hüfte. Die Ursachenkomplexität vor allem der Sekundärarthrosen an der Lendenwirbelsäule ist ein zu umfangreiches Thema für diese Schrift und wird auch vom Autor an anderer Stelle abgehandelt (K.H. Wischner: „Kreuzstiche").

Auf das engste über zwei straffe Gelenke, die *„Kreuz-Darmbeingelenke"*, mit der untersten ehemaligen Wirbelsäule, dem Kreuzbein, verbunden, sind auch beide Beckenhälften. Leider oft, besonders in seiner blockierten Funktion, als Erkrankungsherd verkannt und unterschätzt, gehört dieses Überbleibsel unserer Wirbelsäule ebenso wie ihre „Wetterecke", der Übergang von der Lendenwirbelsäule zum Kreuzbein, zu den sehr häufigen Übeltätern unter unseren Gelenkverbindungen.

Ein weiteres Gelenk soll als letztes in diesem Kapitel etwas näher beleuchtet werden, da es oft genug der Arthrose angeklagt wird, aber sehr häufig unschuldig ist. Das *Schultergelenk*.

Es ist das beweglichste Gelenk unseres Körpers mit Freiheitsgraden nach allen Richtungen und einer dadurch überdurchschnittlich hohen Erkrankungsrate. Jedoch nicht wegen einer besonders häufigen Arthrose. Die wird dem Schultergelenk oft aus diagnostischer Unkenntnis oder Bequemlichkeit angedichtet, wenn das Röntgenbild tatsächlich erste winzige Arthrosezeichen erkennen lässt. 90% aller Schulterbeschwerden rühren von dem extrem beanspruchten muskulär-sehnigen Weichteilmantel der Schulter her, der für die enorme Beweglichkeit des Schultergelenkes zuständig ist.

Einzelne Teile dieser Muskelhülle werden ebenso wie sie schützende Gleitgebilde (Schleimbeutel) bei jeder Armhebebewegung über die Horizontale zwischen den knöchernen Strukturen von Oberarmkopf und Schulterdach eingeklemmt und in vielen Fällen förmlich zerrieben, sodass es hier extrem häufig zu Schulterbeschwerden kommt, die mit einer Arthrose des Gelenkes nichts zu tun haben.

Dem Menschen jedoch „tut die Schulter weh". Der Doktor sagt: „ Du hast Rheuma" und der Patient hat Alpträume, weil er in der Gesundheitssendung vom Vorabend gesehen hat, dass es auch für die Schulter schon neue Gelenke gibt. Das ist natürlich für eine Erkrankung der Schulterweichteile in der Schulterumgebung barer Unsinn. Die Endoprothetik der Schulter kann zwar eine mögliche Option für das Schultergelenk sein, ist aber schwersten Zerstörungen des Gelenkes beispielsweise nach Knochenbruchverletzungen mit Folgearthrosen oder auch tumorösen Veränderungen vorbehalten.

6. Schadensbegrenzung und Reparatur - Die Therapie
6.1 Grundsätzlich

Die vierbeinigen Gourmets, also Säbelzahntiger und Tyrannosaurus Rex, sorgten zur Jungsteinzeit noch recht verlässlich dafür, dass der zweibeinige Urmensch keine Arthrosegelenke kannte. Der Altersdurchschnitt reichte dafür meist nicht. Wurde es denn einmal schmerzlich, sorgte ein wenig schwarzer Flussschlamm gemischt mit etwas Mammutdung außerdem dafür, dass diese Heilpackung ein nach anstrengender Bärenjagd schmerzendes Knie in wenigen Tagen wieder für die nächste Wildsauhatz tauglich machte. Gedanken darüber, ob vielleicht irgendwann ein neues Knie aus dem Elfenbein des Mammutstoßzahnes notwendig sein könnte, machte sich Herr Neandertaler sicher noch nicht.

Heute sieht die Medizin alles ganz anders. Wir nennen die frühzeitliche Angelegenheit mit dem schwarzen Flussschlamm inzwischen „Konservative Therapie" und diskutieren ausführlich über die Begriffe „Behandlung" und „Heilung", weil wir eines inzwischen wissen: Eine einmal in Gang gekommene Arthrose ist nicht heilbar. Das heißt, ein derart erkranktes Gelenk kann nicht mehr in den Zustand seiner Gründerzeit zurückversetzt werden. Diese Grundwahrheit bietet einer großen Zahl von weißgewandeten, besonders klugen Menschen, also Medizinern, eine breite Diskussionsplattform zu dem Thema „Sinn und Zweck einer Arthrosebehandlung".

Um das Problem der Begriffsdefinition vollends zu verkomplizieren, schafft die Tatsache, dass zufällig im Röntgenbild entdeckte Früharthrosen dem Besitzer keineswegs zwangsläufig Beschwerden machen müssen, zusätzliche Verwirrung im Definitionsdschungel der Experten.
Ist dieses Gelenk nun krank und behandlungsbedürftig oder erst dann, wenn es Schmerzen verursacht? Macht es Sinn, ein Röntgenbild mit augurischen Verschlimmerungs-Wahrsagungen zu behandeln, wenn der Gelenkeigner völlig problemlos Tennis spielt und Freeclimbing betreibt?

Zufriedenstellende Antworten findet hier die Wissenschaft (noch) nicht.

Viel einfacher ist alles aus der Sicht des Patienten besonders dann, wenn das Knie oder die Hüfte schmerzen und auch die schönen Fotos in Schwarz-Weiß mit einigen darauf zu erkennenden grauen Haaren im Gelenk dazu passen. Hier gibt es keine Deutungsprobleme zu den Vokabeln „Behandlung" oder „Heilung". Viel eher praktische Schwierigkeiten, die sich aus den unterschiedlichen Standpunkten von Heilendem (medicus) und Leidendem (patiens) ergeben, oder aus Problemen, die weit außerhalb des medizinischen Fachbereiches liegen. Nun müssen ziemlich unterschiedliche Dinge auf einen gemeinsamen Nenner gebracht werden.

Der Patient will als erstes keine Schmerzen mehr. Möglichst schnell, und möglichst ohne zusätzlich schmerzhafte Handlungen an seinem Hüftgelenk oder Knie. Außerdem will er so rasch wie möglich wieder laufen können, so wie früher. Er möchte eigentlich „geheilt" werden, denn die Schmerzen sollen ja auch nie wiederkommen.

Sein Sprechstunden-Gegenüber in Weiß muss jedoch anders denken und auch anders reden. Denn er kennt die Grenzen der Behandlungsmöglichkeiten und aus verschiedenen Gründen auch die eigenen. Ihm geht es jetzt um Begriffe wie „Schmerzlinderung", „Funktionsverbesserung", „Steigerung der Lebensqualität" im Alltag und vor allen Dingen um die Verhältnismäßigkeit und Angemessenheit der zu veranlassenden Behandlungsmaßnahmen in Relation zu deren Nutzen….dem Nutzen selbstredend für beide Seiten.

Bevor jedoch die für beide Seiten akzeptable Mitte der Therapievorstellungen gefunden, irgendeine Behandlungsentscheidung getroffen werden kann, müssen Hürden überwunden werden. Hürden, die Erwartungshaltung und Wunschdenken des Arthrosepatienten und oft genug auch ärztliches Handeln heute zu Therapieresten minimieren. Diese Hindernisse haben mit der Arthrosekrankheit des Patienten nichts zu tun. Eher mit Sozialpolitik, Sparwahn der Kostenträger, kommerziellen und profitorientierten Gesichtspunkten. Kurz und gar nicht gut, mit unserem keinesfalls gesunden Gesundheitssystem.

Grundsätzlich unterscheidet man zwei unterschiedliche Behandlungsarten, die je nach dem Krankheitszustand des Gelenkes Anwendung finden. Die *konservative* und die *operative* Behandlungsweise eines Arthrosegelenkes.

Wann jeweils die eine oder andere Therapieart eingesetzt wird, ist in der theoretischen Formulierung einfach zu verstehen, wie in den nachfolgenden Kapiteln dargelegt werden soll. In der Praxis hängt diese Entscheidung jedoch von einer ganzen Reihe unterschiedlicher Faktoren ab. Und auch hier sind diese Faktoren keineswegs immer nur medizinische

6.2 Die Konservative Therapie

Eine Schneelawine mit zwei Händen oder einer Schneeschaufel aufzuhalten, ist unmöglich. Sie jedoch mit Lawinenzäunen in ihrer Gewalt, Zerstörungswut und Geschwindigkeit zu bremsen, ihre Folgeschäden abzuschwächen, geht sehr wohl. Eine Arthrose zu heilen, den irgendwann einmal wunderschön glänzenden Knorpelbelag der Gelenkflächen unserer Erstausstattung wiederherzustellen, ist undurchführbar. Das Zerstörungspotential, die Folgen der Arthrose, für unsere Lebensqualität zu mildern, ist aber machbar.

Die oft gehörte ärztliche Bemerkung: „Sie haben eben Arthrose, da kann man nichts machen", ist in dieser desolaten Aussageform schlicht falsch.

Man kann sehr wohl eine Arthrose ausbremsen, entschleunigen und verzögern, ihre hässlichen Begleitsymptome unterdrücken. Natürlich kann man „etwas machen", so man will!

Den Versuch, die biochemischen und biophysikalischen Mechanismen der Gelenkfunktion sowie die Qualität der Gelenkstrukturen positiv zu beeinflussen, ist das Ziel aller unblutigen Maßnahmen, deren Gesamtheit wir mit *konservativer Therapie* bezeichnen. Die Verbesserung des Gelenkstoffwechsels durch die Steigerung der Nährstoffzufuhr und durch den raschen Abtransport von Schlackenstoffen ist die wichtigste Voraussetzung für den Erfolg dieser Behandlungsform. Der hierfür notwendige Wechsel zwischen Druck und Entlastung im Gelenk erfolgt über den bereits besprochenen Pumpvorgang (s.Kap 5.1 und Abb.2), also über die Gelenkbeanspruchung. Somit rangiert an oberster Stelle in der Bedeutsamkeit aller Konservativmaßnahmen die *Aktivtherapie, die Trainingsbehandlung, die Bewegung*.

Alle anderen, am, im, über, neben oder auf dem Gelenk verabreichten Mittel und Maßnahmen sind *passive Behandlungen*, die das oben beschriebene Ziel nur zu einem deutlich geringeren Teil erreichen – oder gar nicht. Ihr Erfolg liegt überwiegend auf einer anderen Ebene, die erst die Basis, die Voraussetzung für eine Aktivtherapie schaffen muss.

So eignet sich das durch einen entzündlichen Reizzustand akut schmerzende Gelenk, die *aktivierte Arthrose"*, zunächst nicht für eine sofortige Aktivtherapie und muss erst „beruhigt" werden. Das geschieht durch antientzündliche, örtliche, physikalische Anwendungen mit medikamentöser Unterstützung.

Seit Jahrtausenden sucht der Mensch nach Wegen und Möglichkeiten, auch Schmerzen in seinen Gelenken durch eine Vielzahl unterschiedlicher Methoden und Materialien zu bessern oder ganz zu vertreiben. Uralt sind die Ratschläge, Heilhandlungen und Zaubermittel, die vom Orient bis in den brasilianischen Urwald von Schamanen, Medizinmännern und Gurus verteilt wurden. Einige davon aus dem Voodoo-Reich, dem Zulu-Kral und der Ming-Dynastie konnten bis in unsere Zeit hinübergerettet werden. Immerhin sind es heute etwa zweihundert übrig gebliebene, sogenannte „alternative" Behandlungsangebote für ein Arthrosegelenk, deren Ursprung zum Teil im Neolithikum (Jungsteinzeit) vermutet wird.

Nach wie vor stehen uns die Urgewalten unseres Planeten, Wasser, Feuer und Strahlungsenergie, Eis und Erde zur Verfügung und werden in unserer „modernen" Konservativtherapie als *Hydro-, Elektro-, Thermo- und Kryotherapie* (Bäder-, Bestrahlungs- und Wärme-/Kältebehandlung) eingesetzt. Uralt ist vor allem die örtliche Anwendung unterschiedlichster Heilmittel in Form von Vulkanerde, Lehm, tierischen Exkrementmixturen, Heilpflanzen- oder Kleintierbrei, heute als Salbe, Einreibung, Heilerde oder Fango-Umschlag auch in der Apotheke erhältlich.

Früher wie heute war und ist auch die wirksame Unterstützung solcher örtlicher Heilmaßnahmen aus dem Inneren unseres Körpers durch „Arzneyen", also *Medikamente*, von großer Bedeutung. Das, was damals an inhaltlich, optisch und geschmacklich grausigem Gebräu vom Quacksalber und Medicus zubereitet und verabreicht wurde, hat sich heute zumindest in der Optik, Konsistenz und Herstellungsart deutlich verbessert, vielleicht um den möglicherweise gleich gebliebenen Inhalt geschmacklich besser zu kaschieren.

Schmerzende und alternde Gelenke wurden bereits bei den Naturvölkern erfolgreich mit physikalischen äußeren und knorpelaufbauenden Nahrungsergänzungsmitteln behandelt.

Wir nennen diese Medikamente nun *Antirheumatika*, obwohl sie keinesfalls Mittel gegen Rheuma sind, sondern eine zum Beispiel in der Therapie der akuten Gelenkschmerzen, der *Arthroseaktivierung,* unverzichtbare Therapiebereicherung aus einer anderen Angriffsrichtung bedeuten. Der Therapie von innen nämlich, gegen die Entzündungssymptome wie Gewebsschwellungen, Schmerzen und Gelenkergüsse.

Eine besondere Stellung in dieser Auflistung konservativer Behandlungsmöglichkeiten akuter Knieschmerzen nehmen zwei Heilmethoden ein. Streng genommen sind beide nicht so ganz „konservativ", sondern ein klein wenig operativ, da beide kleine Nadellöchlein in der bislang intakten Körperoberfläche erfordern.

Eine von ihnen ist als traditionelle asiatische Nadel-Heilkunst bereits Jahrtausende alt und erzielt auch im Kampf gegen den Schmerz und die Begleitsymptome der Arthrose immer wieder erstaunliche Erfolge. Welche komplexen Vorgänge bei der *Akupunktur* in unserem Körper durch das Einstechen mehrerer Nadeln an genau festgelegten Körperpunkten dadurch ausgelöst werden, kann zumindest von unserer westlichen Denkungsart schwer nachvollzogen werden. Eine „Heilung" arthrotisch zerstörter Gelenke ist zwar auch hierbei nicht zu erzielen, eine Symptombesserung jedoch oft in bemerkenswertem Umfang.

Eine weitere, erst in unserer medizinischen Neuzeit benutzte Möglichkeit, dem vorübergehend entzündlichen Protest eines nicht mehr voll leistungsfähigen Gelenkes zu begegnen, ist die direkte Konfrontation der Entzündung mit einem entzündungshemmenden Medikament im Gelenk selbst. Das hierfür benutzte Mittel wird natürlicherweise vom Menschen in der Nebenniere selbst produziert, inzwischen jedoch als künstlich hergestellte Substanz in dementsprechend höherer Dosierung benutzt. Das Präparat heißt *Cortison.* Die Art der Anwendung ist das direkte Einbringen dieses Medikamentes in ein Gelenk, die *Injektion*.

Manchmal kann bei dringlichem Hilfsbedarf auch die Akupunktur (hier eine bayerische Variante) aus dem vielfältigen Angebot alternativer Therapien von Nutzen sein.

Besonders der entzündliche Reizzustand eines Gelenkes, die „aktivierte Arthrose", ist das erfolgreiche Arbeitsgebiet dieses Arzneimittels. Die zumindest vorübergehend oft spektakulären Behandlungserfolge haben schon manches Mal den guten Ruf eines Doktors als „Arthrosespezialisten" gefestigt.

Der Gedanke, mit der direkten Einwirkung eines Medikamentes am Ort des Schadens vielleicht Reparaturarbeiten durchführen zu können, die wenigstens teilweise wiederherstellen, was zerstört wurde, ist schon einige Jahre alt. Die Idee, mit der Zufuhr von Bestandteilen der Gelenkschmiere, wie zum Beispiel der Hyaluronsäure, nicht nur die Schmierfähigkeit der Gelenkflüssigkeit, sondern auch die Qualität des Gelenkknorpels zu beeinflussen, hat zum Behandlungsversuch der sogenannten *„Knorpelaufbauspritzen"* geführt. Eine Serie von sechs bis acht solcher Gelenkinjektionen soll Neues schaffen, wo Altes schlecht oder gar nicht mehr vorhanden ist, soll vor dem schützen, was das Gelenk zerstört.

Gegner und Anhänger dieser Methode liefern sich immer wieder kontroverse Diskussionsgefechte in der Fachliteratur und auf Kongressen mit der Vorlage mehr oder weniger glaubhafter Studien, die ihre eigene Meinung beweisen und die andere widerlegen sollen. Noch älter als dieser Versuch, die Qualität des Gelenkknorpels über den direkten Weg der Gelenkinjektion zu verbessern, ist die Vorstellung, das Ganze auch über den Verdauungskanal zu erreichen.

Die Einnahme von Pillen und Säften beispielsweise aus den Baustoffen des Knorpels, gewonnen aus Tiergelenken, ist seit langem ein einträgliches Geschäft der Pharmaindustrie. Zur Wirksamkeit dieser Art der *Knorpelernährung* über „Gelenkvitamine" und „Nahrungsergänzungsprodukte" sind sich ernstzunehmende, wissenschaftliche Studien einig. Diese Therapie ist hinsichtlich eines Einflusses auf die Knorpelqualität völlig wirkungslos. Näheres zu beiden Methoden solcher Knorpelaufbauversuche wird im Kapitel 7 ausgeführt und kommentiert.

Vergessen werden dürfen in diesem Kapitel jedoch keinesfalls einige sehr sinnvolle und die konservative Therapie unterstützende Hilfen als Ergänzung der aufgelisteten Behandlungen.

Die inzwischen in den Leistungskatalogen der gesetzlichen Kostenträger kaum noch existierenden und der Verordnungshysterie der niedergelassenen Ärzte fast gänzlich zum Opfer gefallenen medizinischen *Massagen* haben diesen brutalen Niedergang nicht verdient. Bei einer ganzen Reihe von orthopädischen Krankheitsbildern leisten sie Hervorragendes und sind keineswegs nur „Wohlfühlanwendungen".

So ist dies auch in der Unterstützung der Arthrosetherapie an den großen Extremitätengelenken der Beine der Fall. Stauungen im venösen oder lymphatischen System können zum Beispiel bei Krampfaderbildungen mit Flüssigkeitsansammlungen in den unteren Extremitäten den Stoffwechsel in den Kniegelenken sehr verschlechtern. Hier ist eine manuelle „Entstauung" durch Ausstreichmassagen sehr effektiv. Muskulatur kräftigen kann eine Massage nicht. Verknotete und verhärtete Muskulatur in der Gelenkumgebung, der Gelenkführung, zu lockern und für eine krankengymnastische Dehnungsbehandlung bei Muskelverkürzungen (*Kontrakturen*) vorzubereiten, ist hingegen sehr sinnvoll.

Seit der Zeit, als Wissenschaftler versuchten, Leichen durch elektrischen Strom wiederzubeleben, spielt die *elektrische Gerätemedizin* in der neuzeitlichen physikalischen Therapie unterschiedlichster Erkrankungen eine große Rolle. Der Weg von den batteriebewaffneten Scharlatanen des achtzehnten Jahrhunderts, die dem Patienten mit Prickeln, Summen und Zucken der Extremitäten den „Energiefluß des Lebens" an elektromagnetischen Geräten demonstrierten, bis zur heutigen Apparatemedizin und unseren Kenntnissen von der Bioelektrizität im menschlichen Körper war damals noch weit.

In der neuzeitlichen Elektrotherapie wird die Wirkung niederfrequenter, mittelfrequenter und hochfrequenter Ströme auf den Organismus zur Schmerzlinderung, Durchblutungsförderung, Wärmebehandlung und als Impuls- oder Reizstromtherapie geschädigter Nervenbahnen eingesetzt.

Galvanischer Strom wird zur Kombinationsbehandlung von Wasser und konstantem Gleichstrom im *Stangerbad* sowie zur verbesserten Eindringtiefe bei Salbenanwendungen auf der Haut benutzt.

Die hier völlig harmlose Strom-Wasser-Kombination des Stangerbades sollte keinesfalls mit dem Eintauchen des – eingeschalteten – Föhns in die Badewanne verwechselt werden. Zwar ist eine schmerzstillende Wirkung auf ein krankes Kniegelenk auch hierbei zu erwarten…aber das wird dann wohl nur einmalig möglich sein!

Die Meinung über die Wirksamkeit von außen einwirkender Magnetfelder auf erkrankte Körperteile etwa in Form „pulsierender Magnetfelder" oder als „Magnetarmbänder" ist in der medizinischen Wissenschaft einhellig. Eine Wirkung ist nicht vorhanden! Die Verfechter der *Magnetfeldtherapie* nehmen andererseits an Demonstrationen gegen den Elektrosmog teil, obwohl auch diese, jetzt wiederum negative Wirkung auf dem Einfluss elektromagnetischer Felder beruhen soll. Der angeblich positiv wirkende Magnetismus zur Arthrosetherapie lässt sich jedoch erheblich besser verkaufen.

Unterstützende Maßnahmen vorwiegend für die Gelenke der unteren Extremitäten sind *Geh- und Entlastungshilfen* wie *Unterarmstützen und Gehstock*. Die allseits beliebte *Gelenkbandage* am Knie sollte besonders bei den oben angeführten venösen Rückflußstörungen mit der Neigung zur Flüssigkeitseinlagerung und Krampfadern an den Beinen sehr zurückhaltend benutzt werden, da die Kniebandage häufig diese Stauungen am Unterschenkel, also unterhalb der Stütze, verstärkt.

Bei einer Arthroseerkrankung vorwiegend zwischen Kniescheibe und Knie sollte hierbei unbedingt eine *Kniebandage mit* einer *vorderen Aussparung* für die Kniescheibe benutzt werden, da der Aufpressdruck einer durchgehenden Gummikniekappe in diesem Gelenk unangenehme Probleme bereiten kann.

Eine Entlastung für ein schmerzendes Hüft-, Knie- oder Sprunggelenk ist durch eine *Auftrittsdämpfung* am Schuhwerk, einen Gummipufferabsatz oder eine Luftpolstersohle möglich.

Durch *Schuhzurichtungen* an der Schuhsohle und am Absatz können O-Bein oder X-Bein- Achsenfehlstellungen eines Beines, eine häufig durch die Hüftgelenks- oder Kniearthrose verursachte Beinverkürzung durch einen *Verkürzungsausgleich* am Schuh korrigiert werden. Bei einem normal ausgebildeten Fußgewölbe ist hingegen eine Einlagenversorgung bei einer Arthrose z.B. der Hüfte keine sinnvolle Hilfe.

In die Auflistung der konservativen Behandlungsversuche des Gelenkunterganges gehört schlussendlich und korrekterweise auch die *„alternative Arthrosebehandlung"*.

Die Vorstellung, unter Mithilfe der Fauna und Flora unseres Planeten über den Verdauungsweg die krankhaften Vorgänge in einem menschlichen Gelenk günstig zu beeinflussen oder gar zu heilen, ist so alt wie die Arthrose selbst. Angefangen von Diät-Extrakten aus Goldrute, Zitterpappel und Esche über Löwenzahn, Brennnessel, Beinwell und Cayennepfeffer bis hin zu Gerstengraspulver und Weidenrinde hat sich auch eine angebliche „Übersäuerung" des sterbenden Knorpelgewebes in keiner Weise beeinflussen, nachweisen oder wissenschaftlich belegen lassen. Auch für homöopathische Präparate wie Dulvamara D12 oder Rhus toxicodendron D12 ist eine ursächliche Wirkung auf eine defekte Knorpelgelenkfläche genau so wenig nachweisbar wie der Einfluss von Weihrauchextrakt über die Atemwege ….auch nicht bei regelmäßigem, sonntäglichen Kirchenbesuch.

Der Umfang und die Variationen der alternativen Behandlungsvorschläge haben inzwischen kaum noch überschaubare Dimensionen und zum Teil so skurrile Formen angenommen, dass die einfältigsten unter diesen „Behandlungsalternativen" zum Teil zwar später erwähnt werden (Kap.7), aber fachlich nicht diskutabel sind. Bei oft völlig fehlenden, biophysikalischen und biochemischen, manchmal sogar auch anatomischen Kenntnissen der „Behandler" fehlen hierbei die Voraussetzungen für eine fachliche Auseinandersetzung völlig.

Dass der Glaube auch in der Gelenktherapie Berge versetzen kann, weiß die Medizin aus einer großen Anzahl *von Blind- und Doppelblindversuchen* mit zum Teil erstaunlichen Erfolgen durch „Arthrose-Schmerztabletten" aus Wasser und Mehl *(Placebotabletten)*. Selbst Gelenkinjektionen mit sterilem, destilliertem Wasser haben schon monatelange Schmerzfreiheit bewirken können!

Unbenommen bleibt bei vielen der sogenannten „Naturheilmittel" die Möglichkeit einer kurzfristigen positiven Beeinflussung entzündlicher Vorgänge einer aktivierten Arthrose. Wer sich gerne die Fernsehsendung für geistig etwas bedürfnislose Menschen „Ich bin ein Star, holt mich hier raus!" ansieht, mag auch Freude über eine Familie von saugenden Blutegeln auf seinem Knie empfinden. Auf die Liste sinnvoller Therapiemaßnahmen mag der Autor sie nicht setzen.

Es bleibt am Ende dieses Kapitels über die konservative Therapie festzuhalten:

Der größte Teil der aufgelisteten passiven Maßnahmen, der Hilfsmittel und äußerlichen Unterstützungen eignet sich in erster Linie höchstens zur kurzfristigen Besserung und Linderung schmerzhafter Zustände bei einer aktivierten Arthrose. Die äußerlichen Hilfen auch zur Vermeidung neuer Schmerzen. In erster Linie sind hier somit lediglich symptomatische Therapiemaßnahmen oder auch vorsorgliche Schritte der Behandlungsgrund. Eine ursächliche „Heilungs"-Beeinflussung des eigentlichen Krankheitsvorganges, der fortschreitenden arthrotischen Gelenkzerstörung, geschieht nicht und ist auch, wie später noch ausführlicher berichtet wird, für keines der aufgelisteten Maßnahmen ausreichend wissenschaftlich belegt.

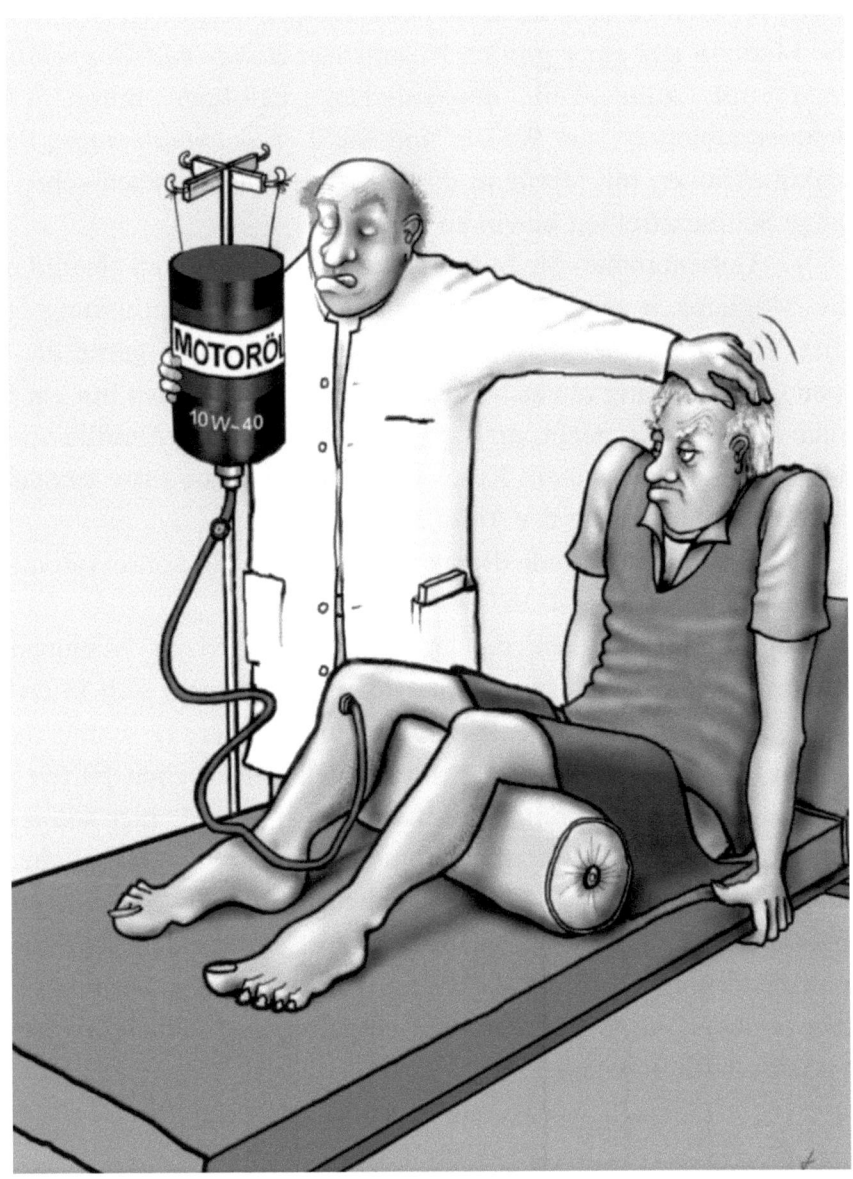

Die wesentlichste Voraussetzung für den Erfolg auch etwas ungewöhnlicher Arthrosetherapien ist das unbedingte Vertrauen des Patienten in die fachliche Kompetenz seines Heilers.

6.3 Die operative Therapie - Der Lichtstreifen am Horizont
Die gelenkerhaltenden Operationen

Die Entscheidung, jemanden mit dem Messer auf den eigenen, bis dahin meist unversehrten Körper loszugehen zu lassen, ist weniger für den messerbewehrten Akteur als eher für den Betroffenen nicht einfach. Und sie sollte auch sehr gut überlegt werden. Vielleicht sogar gemeinsam mit anderen, des medizinischen Faches kundigen Experten. Man nennt das heute „*ärztliche Zweitmeinung*". Die Selbstverständlichkeit, dass lediglich medizinische Gründe für ein solches „blutiges" Vorgehen ausschlaggebend sein sollten, wird an einer anderen Stelle dieses Buches noch skeptisch beleuchtet. Das ultimative „Aus-Alt-mach-Neu-",,Versprechen eines forschen Skalpellartisten sollte auf keinen Fall als einziges Argument ungeprüft und kritiklos einer solchen Entscheidung zugrunde gelegt werden.

Von vorrangiger Bedeutung steht am Anfang der Überlegung operativer Eingriffe die völlige Erfolglosigkeit aller konservativen Maßnahmen nach Ausschöpfung eigener, ambulant- und stationär medizinischer,- physikalischer und medikamentöser Möglichkeiten.

Eng verbunden mit dieser Voraussetzung ist weiterhin der Leidensdruck des Arthrosepatienten mit einer kaum noch zu beeinflussenden Schmerzsymptomatik in Verbindung mit zunehmenden Funktionsstörungen eines Gelenkes.

Sollte zu diesen beiden Faktoren auch noch der radiologisch oder arthroskopisch nachzuweisende, möglicherweise stark ausgeprägte, arthrotische Zerstörungsgrad des betroffenen Gelenkes passen, bestehen an der Notwendigkeit operativer Schritte kaum noch Zweifel. Es handelt sich hier bereits um eine *absolute Operationsindikation,* fast immer mit dem Ziel des Teil- oder Totalersatzes eines Gelenkes.

Erheblich schwieriger wird jedoch die Entscheidung für ein operatives Vorgehen bei einem beschwerdearmen Gelenkverschleißschaden im Anfangsstadium flächenhafter Knorpelschäden oder eines lediglich beginnenden Arthroseschadens an nur einer Stelle eines Gelenkes. Hier muss immer individuell und unter der Berücksichtigung von Alter, Beschwerdeumfang und beruflich weiterhin notwendiger Beanspruchung über das weitere Vorgehen geurteilt werden. Eventuell zeigt, wie schon früher erwähnt, ein Gelenk sogar deutliche Aufbrauchschäden im Röntgenbild ohne dass die geringsten Funktionseinschränkungen und Schmerzen vorhanden sind.

Da es sich bei diesen Gelenkveränderungen häufig um jüngere Menschen handelt, spielt nunmehr das Ziel, ein Gelenk noch nicht zu ersetzen, sondern zu erhalten, die vorrangige Rolle. Hier erreichen wir nun den heute zunehmend an Bedeutung gewinnenden Therapiebereich der Gelenkflächenreparatur, der Versuche einer *Knorpelzellenregeneration*, der *Revitalisierung* der Gelenkflächen. Vielleicht ist dies wirklich das Licht am Ende des dunklen Arthrosetunnels, der Lichtstreifen am Horizont der zukünftigen ursächlichen Arthrosetherapie. Noch jedoch ist das Licht etwas dürftig, die Behandlungserfolge höchstens hoffnungsschwanger.

Ganz am Anfang aller Bemühungen, das Gelenk selbst zunächst in Ruhe zu lassen, also zu erhalten, steht die Absicht, mögliche Ursachen, den oder die Auslöser für den Gelenkschaden zu finden und zu beseitigen. An den großen Gelenken der Beine sind es häufig angeborene oder erworbene Achsenfehlstellungen, die durch eine ungleichmäßige Druckverteilung auf die Gelenkflächen der Gelenkpartner punktuelle Belastungsspitzen mit hierbei auftretendem vorzeitigem Abrieb des Knorpels verursachen. Hier hilft die operative Korrektur, die Begradigung von X- oder O-Beinen, die Rekonstruktion zu flacher Hüftgelenkspfannen, die Normalisierung des Schenkelhalswinkels, also Fehlstellungen zwischen Hüftkopf, Schenkelhals und Oberschenkel.

Dazu gehört auch die Korrektur von Achsenabweichungen der Unterschenkel- und Oberschenkelknochen nach fehlverheilten Knochenbrüchen.

Durch sogenannte *Umstellungsosteotomien* werden solche Achsenfehler beseitigt und die Druckverteilung in den betroffenen Gelenken normalisiert. Nachweislich kann hierdurch eine beginnende Arthrose zwar nicht geheilt, aber deutlich ausgebremst, manchmal sogar zum Stillstand gebracht werden. Auch bei einer falschen Position unserer Kniescheibe kann durch eine operative Stellungskorrektur einer Arthrose des Kniescheiben-Kniegelenkes vorgebeugt werden.

Ein den Patienten wenig belastender Eingriff betrifft nun den Sauberkeitszustand des Gelenkes, in dem sich immer wieder kleine Knorpelbestandteile, Knorpelkrümel, herumtreiben und einen chronischen Entzündungszustand verursachen können. Hier hilft oft die „Gelenktoilette(*Lavage),* die Ausspülung des Gelenks mit Absaugung der Knorpelmüllteilchen. Zu dieser Behandlungsart gehört auch die eventuelle arthroskopische Beseitigung nachzuweisender Weichteilschäden, wie alte Meniskusrisse oder Ähnliches.

Wie die Lavage wird auch der folgende Eingriff mit der direkten Einsicht in das Gelenk, mit einer Gelenksspiegelung, der *Arthroskopie,* durchgeführt. Es handelt sich hierbei um die Abtragung und Glättung beschädigter Knorpelflächen, *die Abrasion,* wobei der hierbei freigelegte, knöcherne „Mutterboden" des Gelenkes wieder neuen Knorpel bilden soll.

Auch ein weiteres, knochenmarkstimulierendes Verfahren, die *Mikrofrakturierung,* basiert auf der Vorstellung, dass durch die oberflächliche Verletzung des Knochenmarks die Anregung zur Bildung von Knorpelersatz erfolgt. Dies funktioniert nachweislich auch mehr oder weniger gut, nur leider taugen die biomechanischen Eigenschaften dieses faserigen Ersatzknorpels für den Alltag nicht wirklich – und schon gar nicht für überdurchschnittliche, zum Beispiel sportliche Druck- und Abscherbeanspruchungen in der Tangentialrichtung der Gelenkflächen.

Bei jüngeren Patienten besteht die Möglichkeit der *Knorpeltransplantation*. Örtlich begrenzte Knorpelschäden (beispielsweise nach Sportverletzungen) werden hier durch die Einpflanzung eines Knorpel-Knochenzylinders in die Defektstelle repariert (*Mosaikplastik).* Dieses Material kann von frisch verstorbenen, erwachsenen Menschen stammen (*Homologe Knorpeltransplantation*) oder aus der wenig belasteten Randzone eines patienteneigenen Gelenkes entnommen werden (*Autologe Knorpeltransplantation*). Zum Teil erfreuliche Ergebnisse können jedoch auch hier die grundsätzlich mäßigen Dauererfolge nicht überdecken. Oft ist die Entzündung der Entnahmestelle des Knochenzylinders lange behandlungsbedürftig.

Einen anderen Weg geht heute die *Autologe Chondrocyten Transplantation*. Dabei handelt es sich ebenfalls um eine Knorpeltransplantation. Es werden aus dem betroffenen Gelenk unbeschädigte Knorpelzellen entnommen und außerhalb des Körpers im Labor gezüchtet und vermehrt. In einer Zweitoperation werden diese Knorpelzellen wieder in die defekte Gelenkfläche eingebracht. Dann wird lange auf die Einheilung und ein wieder brauchbares Gelenk gewartet. Auch das funktioniert oft – aber eben nicht immer. Und vor allen Dingen nicht dauerhaft genug. Die anfängliche Beschwerdebesserung wird leider wiederholt von erneuten Problemen zunichte gemacht, beispielsweise durch Ablösungen des Transplantates von seiner Unterlage. Ein „brauchbares" Gelenk sieht dann anders aus.

Eigentlich gehören diese aufgelisteten operativen Eingriffe für kleinere Knorpelschäden nur am Rande zur Thematik dieses Buches, denn es handelt sich hierbei nicht um Operationen für die Seniorengeneration, also für die Patienten mit ausgedehnteren arthrotischen Gelenkflächendefekten. An solchen Gelenken ist eine begrenzte Knorpelzelltransplantation fast immer sinnlos, hier muss oft genug die einzig ursächliche Therapie für eine insgesamt zerstörte Gelenkfläche her, nämlich deren Ersatz.

Aus Alt mach Neu
Der Gelenkersatz – Die Endoprothetik

Steht am Ende aller konservativen und erfolglosen Behandlungsversuche die ausgedehnte Gelenkzerstörung, die Gelenkruine, läuft der Mensch bloß noch „auf der Felge", kann jetzt nicht mehr repariert, sondern lediglich ausgetauscht werden. Hier hilft nur noch die einzig ursächliche Behandlung, die es heute für ein Gelenk gibt, der Gelenkersatz, die *Endoprothese*.

Seit Mitte des achtzehnten Jahrhunderts versucht wurde, die ersten künstlichen Hüftgelenke einzubauen, hat vor allem seit den 1960ger Jahren die Technik der *Endoprothetik* rasante Fortschritte erzielt. Heute sind wir zwar in der Lage, nahezu jedes Gelenk zu ersetzen, können jedoch vor allem bei den zahlenmäßig weit führenden Hüft- und Kniegelenksendoprothesen auf den höchsten Entwicklungsstand mit den weitreichendsten Erfahrungen blicken.

Inzwischen bewährte Materialkombinationen, der Versuch, auch bei dieser Therapiemethode so knochen- und gewebeschonend wie möglich vorzugehen, das unterschiedliche Lebensalter des Patienten und auch das der eingebauten Endoprothese sowie letztlich auch die Lokalisation und Ausdehnung der Gelenkarthrose haben heute eine Reihe von Behandlungsstandards geschaffen.

Auch wenn sich die Verfechter verschiedener Operationsvarianten und Materialpaarungen mit manchmal gegensätzlichen und selbstverständlich immer wissenschaftlichen Argumentationen übertreffen, haben sie jedoch alle gemeinsame Behandlungsziele für die Endoprothetik der Extremitätengelenke:

• Der Eingriff sollte den knöchernen Substanzverlust der Gelenkpartner möglichst klein halten.

• Die Prothesenteile sollten lockerungssicher verankert sein und eine dem gesunden Gelenk weitgehend gleichwertige und ausrenkungssichere Funktion sowie Führung ermöglichen

• Eine qualitativ hochwertige Antisepsis sollte das Risiko einer Protheseninfektion möglichst ausschließen.

• Die Lebensdauer der Prothese sollte durch festen Sitz und äußerst geringem Materialverschleiß so lange wie möglich sein.

Der operative Einbau einer Gelenkendoprothese an den unteren Extremitäten erfolgt entweder unter einer *Vollnarkose* oder durch eine Rückenmarksbetäubung, der *Spinalanästhesie*. Bei der letzteren Methode werden die Gefühlsnerven einer Extremität, z. B. des Beines, im Bereich des Rückenmarks durch eine örtliche Injektion vorrübergehend ausgeschaltet. Etwas ängstliche Patienten können mit einer medikamentösen Begleitbehandlung beruhigt werden. Diese Art der örtlichen Anästhesie eignet sich besonders für ältere und Herz-Kreislauf-Risikopatienten, aber auch um eine Narkosebelastung mit oft tagelangen Verwirrtheitszuständen des älteren Menschen (*Postoperatives Durchgangssyndrom*) zu umgehen.

Unterschiedliche Zugangswege zum Hüftgelenk – beispielsweise von vorn, von hinten oder von der Seite - können ebenso wie die Größe des freigelegten Operationsfeldes den nachoperativen Rehabilitationsverlauf beeinflussen. Im positiven und auch im negativem Sinne. Hierbei spielt die mehr oder weniger erfolgte Schonung der hüftgelenksführenden Muskelstrukturen eine wichtige Rolle.

Heute gilt das Prinzip der *minimalinvasiven Endoprothesenoperation* der Hüfte als Inbegriff der sanften Chirurgie. Leider wird vor allem von der Laienpresse diese Operationsmethode ein wenig marktschreierisch und etwas einseitig als vorwiegend auf den hierbei kleineren Hautschnitt bezogen dargestellt. Der Fachmann redet jedoch von geringerem Blutverlust, intakt gebliebener Hüftmuskulatur und dadurch deutlicher Verkürzung der postoperativen Rehabilitationszeit. Ein Urteil über diese Operationsmethode ist bei bisher fehlenden Langzeitergebnissen vorerst nur zurückhaltend möglich.

Nach jahrzehntelangem und immer wieder enttäuschendem Bemühen, den geeigneten *Werkstoff* und vor allem die richtigen *Materialkombinationen* für die extremen Gleitbeanspruchungen der neuen, künstlichen Gelenkpartner zu finden, ist man heute aus dem Experimentierstadium der Elfenbeinhüfte sowie der Glas-, Zelluloid- und Plexiglaseinbauten lange heraus.

Metalllegierungen, Keramik und abriebfeste Polyethylene bei verschiedenen Gleitpaarungen dieser Materialien und der Gelenkkomponenten finden heute weltweit ihre erfolgreiche Anwendung. Vor allem hinsichtlich eines minimalen Materialabriebs haben sich die Kombinationen von Edelstahllegierungen (Chrom, Kobalt, Molybdän, Titan) und ultrahochmolekularem Polyethylen als klassische Materialpartner etabliert.

Weitere typische Gleitpaarungen sind Keramik/Keramik, Polyethylen/Keramik und Metalllegierung/Metalllegierung (CoCrMo). Auf die Nickelkomponente im Metall hat man inzwischen bei wiederholt auftretenden Allergien weitgehend verzichtet.

Der Schweregrad, die Ausdehnung und die Lokalisation der Arthrose bestimmen auch den Umfang des Gelenkersatzes.

Teilzerstörungen eines Gelenkes machen oft auch nur einen begrenzten Ersatz eines Gelenkpartners, eine *Teil-* oder *Hemiprothese,* nötig, wohingegen der komplette Ersatz aller Gelenkstrukturen *Totalendoprothese* genannt wird.

Gleichfalls besteht auch die Möglichkeit, lediglich die zerstörte Gelenkfläche eines Gelenkteiles auszutauschen, wobei der darunter liegende Knochen erhalten wird (*Oberflächenersatz*). Diese Methode ist für das Hüftgelenk nicht ganz unumstritten, sie findet jedoch besonders in der Knieendoprothetik ihre Anwendung.

So wie sich die Suche nach dem geeigneten Werkstoff für das künstliche Gelenk langwierig und mühsam unter einer Vielzahl von Fehlschlägen gestaltete, dauerte auch das Experimentieren mit einer sicheren, knochenverträglichen Fixierung und Tolerierung des benutzten Fremdmaterials im Knochen viele Jahre.

Unverträglichkeitsreaktionen und bakterielle Infektionen hatten Lockerungen und Vereiterungen der Implantate zur Folge, nach kurzer Zeit war die Entfernung des eingesetzten Materials notwendig.

Heute haben sich drei unterschiedliche Verankerungsmethoden in der Endoprothetik etabliert.

Die erstrebenswerteste Möglichkeit eines sicheren Prothesenhaltes ist die feste Materialfixierung durch vom Körper selbst gebildete Knochensubstanz, die das eingesetzte Endoprothesenteil fest umschließt und integriert. Diese Methode ist die *zementfreie Endoprothese*, bei der die Passgenauigkeit zwischen dem vorbereiteten, ausgefrästen Raum im Knochen und der Endoprothese eine ausschlaggebende Rolle spielt. Es erfolgt quasi ein Einwachsen des Prothesenteils, wobei spezielle „knochenfreundliche" Oberflächenbeschichtungen (Hydroxylapatit als anorganische Grundsubstanz des Knochens) und raue Oberflächengestaltungen das „Einsprossen" des neuen Knochens aus der Implantatumgebung erleichtern sollen.

Eine Variante dieser zementlosen Befestigungsart ist die *eingeschraubte Endoprothese*, bei der ein Gewindeschneider im Knochen die Voraussetzungen für den Einschraubvorgang schafft. Diese Form der Endoprothesenfixierung findet besonders an der Hüftgelenkspfanne ihre Anwendung.

Seit Im Jahr 1959 der britische Chirurg und Orthopäde Sir John Charnley mit der Substanz *Methylmethacrylat* einen Zwei-Komponenten-Klebstoff entdeckte, mit dem Endoprothesen fest im Knochen verankert werden konnten, war der Siegeszug des *Knochenzementes,* die *zementierte Endoprothese* nicht mehr aufzuhalten. Anfänglich mussten noch einige „Kinderkrankheiten" abgestellt werden. So waren beispielsweise die Temperaturen bei der chemischen Abbindereaktion des Klebstoffs knochenschädigend hoch und auch einige in den Knochenzement gelangte Bakterien betrieben hier eine erfolgreiche Familienplanung.

Das alles konnte jedoch inzwischen weitgehend beherrscht werden und den unvergleichbar hohen Wert dieser Methode nicht schmälern. Die sehr schnell mögliche volle Belastbarkeit, die Frühmobilisation und die Frührehabilitation des Patienten nach der Operation sind die größten Vorteile in der Verwendung dieser Art der Endoprothesenfixierung. Damit wurden sicherlich schon tausendfach lebensbedrohliche Thrombosen durch eine zu lange nachoperative Bettruhe verhindert. Die Problematik einer oft mühsamen und langwierigen Entfernung der einzementierten Kopfprothese bei einer notwendigen Wechseloperation ist hingegen eine Crux, die man leider bisher noch in Kauf nehmen muss.

Der dritte Weg, Ersatzteile für ein zerstörtes Gelenk sicher im Skelettsystem des Menschen zu befestigen, ist eine Mischung aus den beiden vorab genannten Methoden, eine Mixtur aus Zementierung und zementlosem Einbau, die *Hybridprothese.* Hierbei wird einer der neuen Gelenkpartner aus Kunststoff, Keramik oder Metall im Knochen durch Knochenzement, der andere zementlos montiert.

Alle aufgeführten Einbaumethoden haben jedoch eines gemeinsam. Es muss eine sehr sorgfältige Vorbereitung der Einbauregion, das penible Ausfräsen der Prothesenbettungen mit peinlich genauer Beachtung der Knochengeometrie, der anatomisch korrekten Zueinanderposition der Gelenkpartner vor der Implantation erfolgen. Dies geschah bisher durch Messungen mit Hilfe der medizinisch-technischen, der bildgebenden Diagnostik, der Röntgenuntersuchung. Die endgültige räumliche Beurteilung der Gelenksituation lag genauso wie die passende Knochenfräsung während der Operation in der Hand des erfahrenen Operateurs.

Das Elektronikzeitalter hat selbstverständlich auch in der Medizintechnik Spuren hinterlassen. Computertomographie, Kernspintomographie und vor allem die *chirurgische Navigation* werden heute häufig zur Operationsvorbereitung und zur rechnergestützten Implantation (*ROBODOC*) vor allem der Hüftgelenksendoprothese benutzt und können die rein manuelle Tätigkeit des Operateurs größtenteils ersetzen.

Auch der Einsatz modernster elektronischer Technologien ersetzt in der Hüftgelenkschirurgie das manuelle Geschick eines erfahrenen Operateurs nicht immer ganz zufriedenstellend

Das Risiko, der Preis für die Chance
Die Komplikationen

Zu behaupten, man könne ihre Erwähnung heute vernachlässigen, da sie je nach dem Umfang und der Betrachtungsweise mancher Statistik lediglich im einstelligen Prozentualbereich liegen, ist genauso falsch, wie sie zu dramatisieren und damit Menschen zu verschrecken, die dringend einen Gelenkersatz benötigen.

Aber es gibt sie nun einmal, die Komplikationen während und nach der Endoprothesenoperation. Bei über 400 000 jährlichen Gelenkersatzoperationen in Deutschland ist nachfolgend in erster Linie das Komplikationsrisiko für Hüft- und Kniegelenksendoprothesen gemeint.

Wer die Wahrheit über die Art und den Umfang solcher Ereignisse genauer wissen will, darf natürlich nicht die Verwaltungen der Kliniken und auch nicht die Operateure fragen. Man kann nicht von vorneherein annehmen, dass hier grundsätzlich die Unwahrheit gesagt würde….aber im Vergleich zu den Statistiken der Krankenkassen sind die Erfolgsquoten vieler Endoprothesenkliniken oft ziemlich bewundernswert positiv. Zumindest, was die Komplikationen während der Operation und im Verlauf eines inzwischen extrem kurzen Stationäraufenthaltes in der Akutklinik angeht.

Die in der Amplitude stark schwankenden Prozentzahlen zwischen 0,6 und 3,7 % in der Fachliteratur sind bei den hier angegebenen niedrigen 0,6% beispielsweise für Nervenschädigungen eines Beines durch die Hüft- oder Knieendoprothesen-OP sicher nicht nur alleine das Spiegelbild einer besonders brillanten Operationstechnik der Klinik. Dass der Grundstein für manches unangenehme Spätproblem ein nicht ganz sachgerechter Eingriff oder gar die Besiedlung der Klinik mit sehr bösartigen, mikroskopisch kleinen Tierchen war (*Hospitalismus*), hört die Endo-Klinik natürlich nicht gerne. Im Vergleich zu den Komplikationsmöglichkeiten nach dem operativen Eingriff sind diejenigen während der Operation aber deutlich geringer.

Massive *Blutungen, Verletzungen der knöchernen Strukturen*, vor allem Schaftsprengungen des Oberschenkelknochens beim Einschlagen einer zementlosen Hüftendoprothese oder bei Raspelarbeiten und die bereits erwähnten *Nervenschädigungen* sind mögliche Kleinkatastrophen. Letztere treten besonders gerne beim hinteren Zugang zur Hüfte auf und betreffen den Ischiasnerven. Ebenso wie die Verletzung des *nervus femoralis* im vorderen Bereich des Beines oder des *nervus peroneus* auch bei der Knieendoprothese fallen diese Störungen natürlich erst nach dem operativen Eingriff durch Lähmungen und Gefühlsstörungen des Beines auf.

Von noch größerer Bedeutung sind jedoch die postoperativen Komplikationen, die in ihrer Gesamtheit auch in vielen Statistiken bis zum zweistelligen Prozentualbereich (2 -10%), angegeben werden und von denen einige mit teilweise tödlichem Ausgang eigentlich nur ziemlich zynisch als „Komplikation" bezeichnet werden können. Die Rede ist hier zum Beispiel von tiefen *Beinvenenthrombosen*, die nach der Ablösung eines Gerinnsels zur tödlichen *Lungenembolie* werden. Ein Ereignis, das nicht nur unmittelbar in den ersten Tagen nach der Operation im Akutkrankenhaus, sondern immer wieder auch während der stationären Anschluss-Rehabilitation stattfinden kann. Jedem Klinikarzt und auch jeder Krankenschwester sind diese plötzlichen, dramatischen und in Minutenschnelle ablaufenden Todesfälle bekannt.

Inzwischen hat es sich auch in der Öffentlichkeit herumgesprochen, dass ein Krankenhausaufenthalt an sich schon höchst gefährlich sein kann. Lebensgefährlich nicht nur hinsichtlich des operativen Eingriffs an sich.

Wie bereits erwähnt, fordert der Hospitalismus, die Keimbesiedelung unserer Krankenhäuser, bereits mehr Tote im Jahr als unser Straßenverkehr. Multiresistente Bakterien (s.Kap.5.2), die über die meisten herkömmlichen Antibiotika lachen, bevölkern die Kliniken und deren Inventar.

Sie besiedeln Kittelärmel und Hände der Ärzte und Schwestern, die Staubwedel der Putzfrauen, die Klobrillen, die Türklinken, die Treppengeländer in den Hospitälern und selbst die Operationssäle.... Und leider oft genug auch das Operationsgebiet mit der schönen neuen Hüfte.

Die Folge ist eine Entzündung, eine Vereiterung. Im Wundbereich als *Wundheilungsstörung* bereits kurz nach der Operation sichtbar. In der Tiefe, um die eingebauten Endoprothesenteile herum, später. Die Endoprothese „eitert heraus". Man spricht von einer *septischen Lockerung*. Diese kann bereits nach einigen Tagen, manchmal auch erst nach Wochen zu erneuten, operativen Konsequenzen führen. Die Prothese muss entfernt werden. Die neue kann erst dann eingebaut werden, wenn nach Labortestung ausgesuchte Medikamente im örtlichen Einsatz (z.B. als *Durchlaufdrainagen,* oder durch eingelegte *Antibiotikaketten*) und über den Verdauungsweg (Perorale *Antibiotika*) die Bakterienbrut vollständig umgebracht haben. Hoffentlich vollständig!

Denn besonders schwierig wird die Ausgangsposition für einen Prothesenwechsel bei Rezidiven, den wiederholten Infektionen auch nach Prothesenaustausch. Was dann zu tun ist, oder besser nicht mehr getan werden kann, wird im nächsten Kapitel über das Hüftgelenk beleuchtet werden.

Andere, nicht durch Bakterien verursachte Instabilitäten der Endoprothesen treten oft erst nach Monaten oder sogar Jahren auf. Solche *aseptischen Lockerungen* können durch feinste Abriebpartikel der aufeinander reibenden Materialien ausgelöst werden. Diese verursachen eine Knochenschwundreaktion in der unmittelbaren Umgebung der Endoprothesenteile, sodass hierdurch der feste Sitz der Endoprothese verloren geht. Auch hier muss der Prothesenaustausch erfolgen. Antibakterielle Medikamente (Antibiotika) sind hier natürlich nicht erforderlich.

Eine nicht gerade seltene Komplikation nach dem Einbau eines Kunstgelenkes tritt besonders häufig in den ersten Tagen und Wochen, manchmal auch erst Monate nach der Operation überwiegend bei Hüftgelenksendoprothesen auf.

Es handelt sich um das Auskugeln, die Ausrenkung (*Luxation*) des Kunstgelenkes. Hierbei tritt, meist ziemlich schmerzhaft, der Gelenkkopf entweder nach vorne, oben oder nach hinten aus der neuen Pfanne und muss baldmöglichst wieder dorthin zurückgebracht, reponiert werden. Die Auslöser für dieses Ereignis können alltägliche und kontrollierte Bewegungen sein, aber auch eine mehr oder weniger heftige Gewalteinwirkung, wie ein Sturz, ist in der Lage, eine solche mechanische Dysfunktion zu verursachen. Die ursächlichen Voraussetzungen für dieses, auch den Patienten psychisch traumatisierendes Erlebnis sind vielschichtig.

Oft ist die Kombination von fehlerhafter Operationstechnik, mangelhaften biomechanischen (meist muskulären) Voraussetzungen der degenerierten Hüfte und einem ungenügenden Mitarbeitsvermögen des meist älteren Patienten die unglückliche Trias. Näheres zu diesem postoperativen Mini-GAU der Hüfte soll im nächsten Kapitel erläutert werden.

Ein selbstverständlich ebenso dramatischer Vorgang ist die Sturzverletzung, die besonders bei älteren Patienten bei oft schon vor der Operation eingeschränkter Gangsicherheit mit *Knochenbrüchen des Oberschenkelknochens* im Bereich der Endoprothese einhergehen kann. Meist gelingt der Versuch, ohne Entfernung der Kopfprothese die Fraktur durch Schrauben und Platten operativ zu versorgen.

Weniger dramatisch, weil schleichend und sich oft über einen Zeitraum von Wochen und Monaten erstreckend, werden folgenschwere Weichteilveränderungen um die neue Hüfte herum häufig erst durch zunehmende, keinesfalls immer schmerzhafte Bewegungseinschränkungen erkannt. Es handelt sich hierbei um oft ausgedehnte *Verknöcherungen der Weichteile* um das Gelenk herum, die das neue Gelenk förmlich einmauern können und operativ entfernt werden müssen….was letztlich auch eine erneute Verknöcherung provozieren kann. Die Ursache für diese Reaktion, die auch nach Knochenbrüchen an anderen Skeletteilen auftreten kann, scheint die Aktivierung von Vorstufen der Knochenbildnerzellen durch das Trauma der Operation zu sein.

Vorsorge kann man, wenn diese Operationsfolge bereits durch die Operation einer Hüfte bekannt ist, durch Röntgenbestrahlungen und Medikamente vor der Endoprothesenoperation der anderen Hüfte treffen. Bei symptomlosen Verknöcherungen ohne Funktionseinschränkungen ist eine Behandlung nicht erforderlich.

Letztlich können der Vollständigkeit halber noch Stabilitätsprobleme des Prothesenmaterials Erwähnung finden, die bei älteren Modellen zu *Prothesenbrüchen* führen konnten. Heute sind die hochentwickelten Titanlegierungen auch durch extremere Beanspruchungen nicht zu zerstören, sodass diese Operationsfolge in der Auflistung der Komplikationen höchstens noch historischen Wert hat.

Nicht ganz außer Acht zu lassen sind die Risiken des im vorigen Kapitel aufgeführten, hauptsächlich in der Endoprothetik der Hüfte eingesetzten Industrieroboters ROBODOC. Auch wenn bei korrektem Einsatz die Passgenauigkeit beim Protheseneinsatz verbessert werden kann, haben bereits geringfügige präoperative Planungsfehler zu *Knochenschädigungen*, haben die größere Gesäßmuskelöffnung zu bleibenden *Defekten des Gesäßmuskels* und *Nervenverletzungen* geführt. Nach der Einführung des Gerätes im normalen Krankenhausbetrieb hat sich eine höhere Komplikationsrate nachweisen lassen. In den USA erhielt das ROBOC-Gerät bisher noch keine Zulassung für den Klinikbetrieb.

In Deutschland muss der Patient vor der Operation mit einem navigationsgesteuerten System auf höhere Risiken hingewiesen werden, da es sich immer noch um ein Verfahren im Experimentierstadium handelt. Die bisherigen „Opfer" dieser Methode haben sich bereits in einer Geschädigten-Initiative, dem Forum- ROBODOC zusammengeschlossen (s. auch Kap. 3).

6.4 Die neue Hüfte

Wann, wo und wie operieren

Jedes Jahr werden alleine in Deutschland 210 000 Hüftgelenksendoprothesen implantiert. Davon sind etwa 22 000 sogenannte Wechseloperationen. Das heißt, es handelt sich hierbei um den Austausch von Hüftendoprothesen, die vor Jahren bis Jahrzehnten eingesetzt wurden und die ihre durchschnittliche Lebensdauer von etwa 15 Jahren erreicht oder gar überschritten haben. Man muss kein Rechenkünstler sein, um bei der Betrachtung unserer ständig steigenden Lebenserwartung und dieser jährlich dementsprechend weiter kletternden Operationszahlen vorherzusagen, welche Bedeutung in den nächsten Jahrzehnten der Gelenkersatz als Primär- und zunehmend auch als Austauschhüfte haben wird.

Speziell die Endoprothetik des Hüft- und des Kniegelenkes wird unser Gesundheitssystem vor extreme Herausforderungen stellen, die sehr wahrscheinlich auch die künftigen Auswahlkriterien für Gelenkersatzoperationen neu definieren müssen. Gesichtspunkte, die nicht mehr nur eine medizinische, sondern auch – oder vielleicht sogar nur – eine überragende ökonomische Rolle spielen werden.

Umso bedeutender scheint es, mit ausreichendem Wissen um die Chancen, Notwendigkeiten und um profitgesteuerte Merkwürdigkeiten auch bei den Erkrankungen unseres alternden Skelettsystems mitreden zu können, wenn es um solch große Operationen wie den Austausch eines extrem wichtigen Gelenkes, unseres Hüftgelenkes geht. Die wichtigste Entscheidung ist als erstes der Zeitpunkt der Operation. Jeder potentielle Endoprothesenkandidat muss die Voraussetzungen kennen, die den Ersatz eines knöchernen Gelenk-Körperteiles zwingend erforderlich machen. Der Mediziner spricht von *Operationsindikation*, ein Begriff, der heute sehr großzügig ausgelegt wird

In der Ursachenforschung und Schuldzuweisung für das eigene Übergewicht sind natürlich neue Körperteile höchst willkommene, wenn auch völlig unschuldige Übeltäter.

Eigentlich ist es nicht so schwer, ärztlichen Überredungskünsten zu begegnen, wenn man sich an folgende Kriterien für eine Operationsentscheidung hält, die alle *gemeinsam* vorliegen sollten!

1. Die Spontanschmerzen der Hüfte und ihrer Umgebung sind trotz aller örtlichen und allgemein medikamentösen Maßnahmen nicht mehr zu beherrschen.

2. Die Beweglichkeit des Hüftgelenkes ist in hohem Maße, das heißt, zu etwa einem Drittel bis zur Hälfte der Normalfunktion (beispielsweise im Vergleich zur noch gesunden Seite) schmerzhaft eingeschränkt.

3. Das Röntgenbild zeigt eine schwere Hüftgelenkszerstörung dritten bis vierten Grades (fachärztliche Beurteilung nach Kellgren und Lawrence).

4. Die Lebensqualität im Alltag ist nachhaltig und ununterbrochen gestört.

Schwierig für Arzt und Patient kann die Entscheidung zur Operation dann werden, wenn sich der Patient erst im mittleren Lebensalter befindet. Die Überlebensdauer einer Hüftgelenksendoprothese sinkt hier erfahrungsgemäß deutlich. Die heute statistisch belegte durchschnittliche Haltbarkeit von etwa 15-20 Jahren reduziert sich bei den naturgemäß höheren Aktivitätsansprüchen des jüngeren Menschen um bis zu 5 Jahre.

Zum zweiten ist die Suche nach der wirklich kompetenten Klinik, die auch von der Operationsfrequenz her geeignet scheint, eine weitere Option und noch schwieriger.

Ein Krankenhaus, das lediglich 20 Hüftendoprothesen pro Jahr vorzuweisen hat, sollte eigentlich nicht ausgewählt werden, nur weil Oma dann sonntags von der Familie aus dem Nachbarort besucht werden kann. Auch hier muss der Hausorthopäde die notwendige fachliche Navigationshilfe leisten.

DIE NEUE HÜFTE

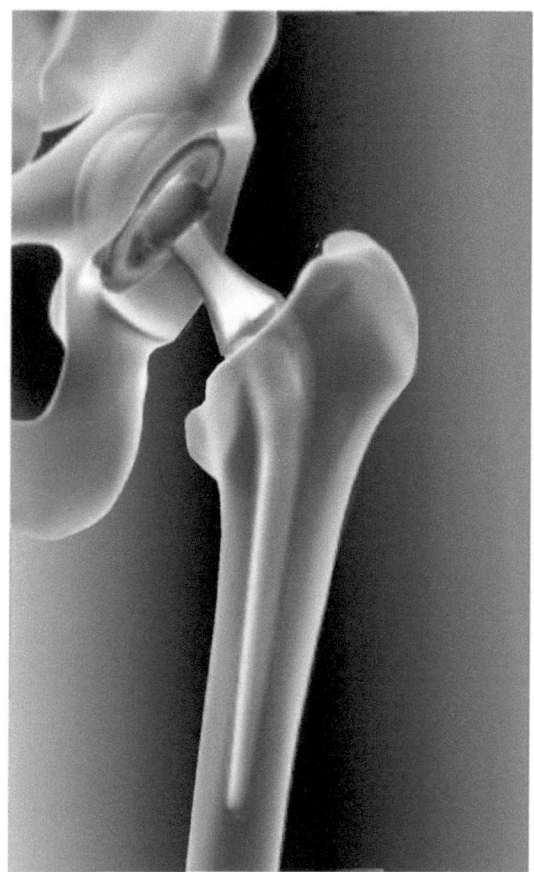

Abb.9

ENDOPROTHESENMODELLE DER HÜFTE

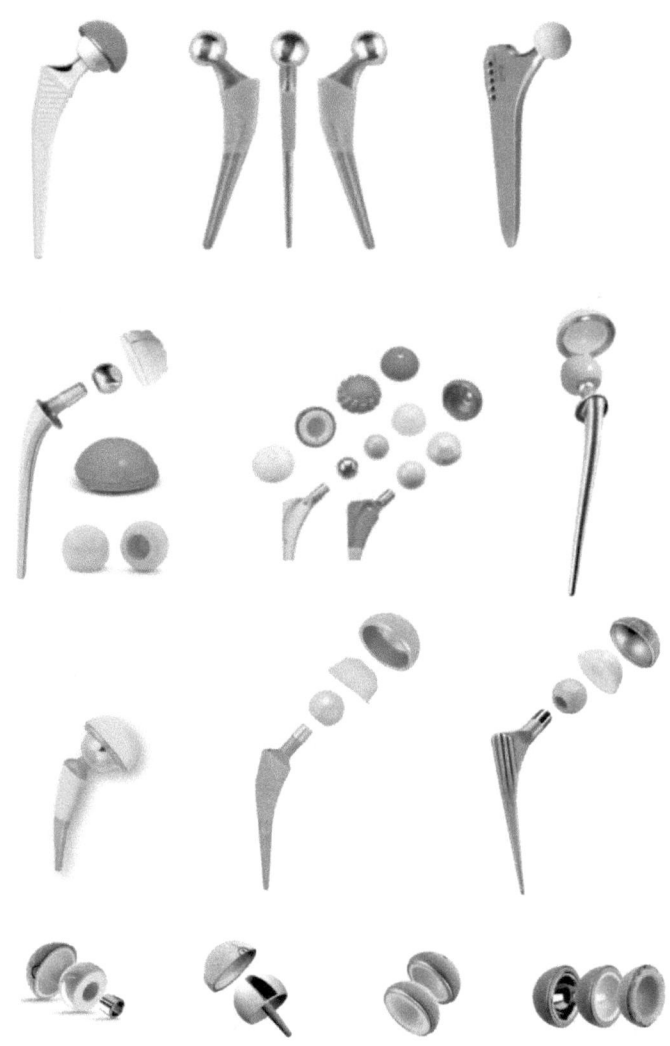

Abb. 10

Ebenso sind die Modelle und die Verankerungsart der Endoprothese sehr sorgfältig auszuwählen. Bei heute ca. 100 angebotenen Schaft- und 70 Hüftpfannenmodellen muss der Patient sich hierbei jedoch auf die fachlich kompetente Entscheidung des Operateurs verlassen, die dieser von den individuellen Anforderungen an die Endoprothese durch den Patienten abhängig machen muss.

Die möglichen Fixierungsarten als zementierte, zementfreie oder Hybridprothese sind gleichfalls chirurgische Entscheidungen, die nach unterschiedlichen biologischen, altersabhängigen und auch pathologisch-anatomischen Faktoren vom Operateur oft sogar erst während der Operation getroffen werden können.

Prinzipiell kann man heute vom Trend zur zementlosen Hüftendoprothese sprechen, wobei diese Fixierungsart bevorzugt wird, je jünger der Patient ist. Die zementierte Hüfte ist mit ihrer raschen nachoperativen Belastungsmöglichkeit für den älteren und alten Patienten deutlich vorteilhafter, weil zu lange Immobilität nach dem Eingriff sogar lebensbedrohlich werden kann (s. Kap.6. 3). Hinsichtlich der möglichen Materialkombination hat sich inzwischen tausendfach die heute überwiegend benutzte Materialpaarung von einer Polyäthylenschale in einer Metallpfanne und einem Metall- oder Keramik-Kopfmodell weltweit bewährt.

Was die Auswahl des operativen Zugangsweges zum Hüftgelenk angeht, muss hier natürlich der Patient ebenso die Entscheidung dem Operateur überlassen.

Diesem vor der Operation die Vorzüge eines minimalinvasiven Eingriffs oder die Nachteile des hinteren Hüftzugangs darzulegen, wird wohl kaum dessen grenzenlose Begeisterung auslösen.

Vor einer notwendigen Endoprothesenoperation kann die Information über die fachliche Qualifikation des Operateurs sicher nicht schaden…

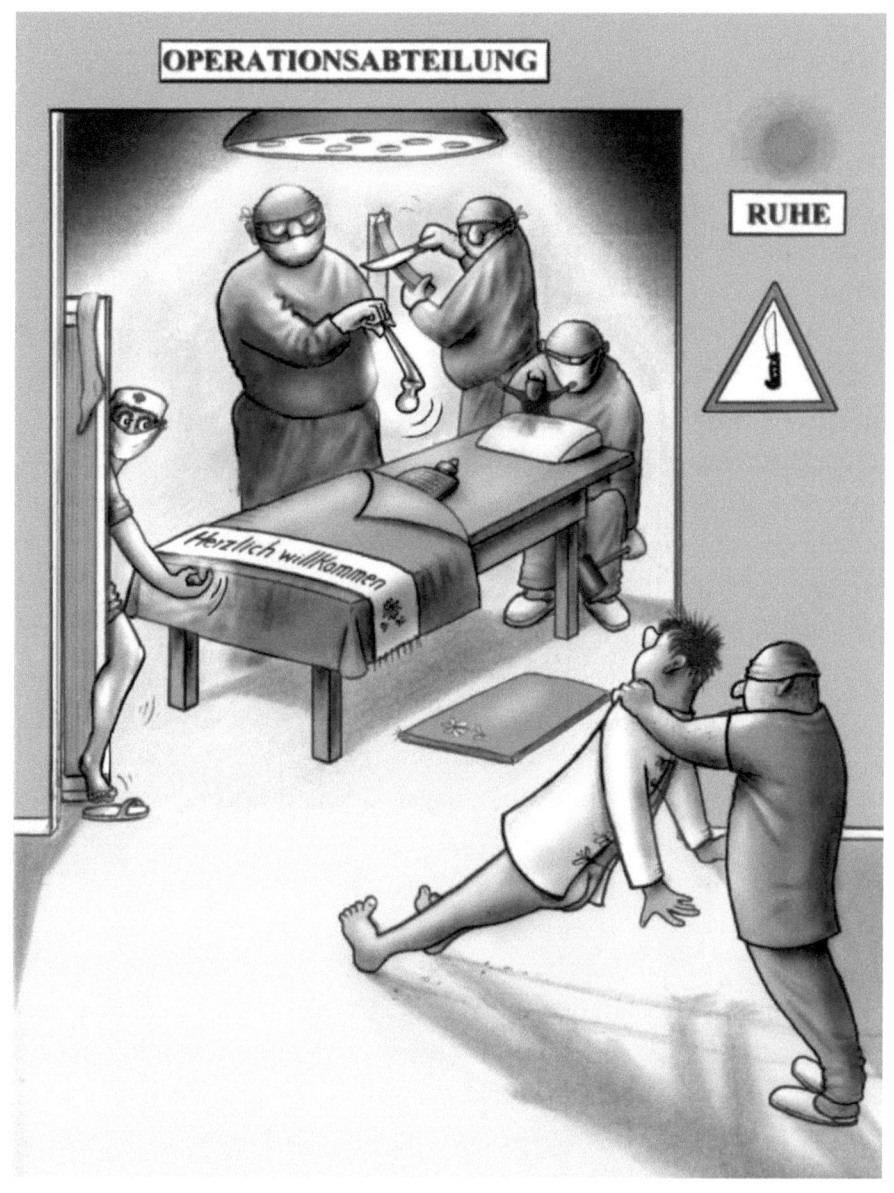

Die Entscheidung für ein neues Hüft- oder Kniegelenk sollte reiflich überlegt werden. Es sind nicht immer nur medizinische Gründe, mit denen eifrige Skalpellakteure Patienten veranlassen, übereilte Operationsentscheidungen zu treffen

Die Nachsorge

Die Operation ist geglückt, die Endoprothese des Hüftgelenkes eingebaut, der Patient ist zur Freude des Anästhesisten wieder wach geworden und erinnert sich auf dessen Nachfrage auch wieder an sein eigenes Geburtsdatum und an den Vornamen seiner ersten Ehefrau.

Was nun beginnt, ist eine sehr wichtige Phase im Gesamtkomplex der Hüftendoprothetik, die postoperative Betreuung, die Nachsorge und Pflege, besonders die physiotherapeutische Rehabilitation. Dass dieser Zeitabschnitt, besonders die stationäre „Reha", 50% des Erfolges einer gelungenen Endoprothesenoperation - oder auch deren Misserfolg - ausmachen kann, hören nicht alle selbstbewussten Operateure gerne. Diesen extrem wichtigen Zeitraum teilen sich nun die Akutklinik, die Rehabilitationsklinik im *Anschlußheilverfahren (AHB)* und die ambulante Physiotherapie.

Eigentlich sollte nicht erwähnt werden, wie bedeutend die fachliche Qualifikation aller drei Einrichtungen sein sollte. Jedoch ist heute auch bei einer Dose Eintopf aus dem Supermarkt nicht immer das drin, was draufsteht. Der informierte Patient ist aber eher in der Lage, sich gegen offensichtliche medizinische, manchmal auch pflegerische Fehler zur Wehr zu setzen.

Es ist leicht einzusehen, dass die gelungene Operation einem toten Patienten nicht besonders viel nützt. Darum wird in den Tagen nach dem Eingriff alles für die Vitalfunktionen des noch lebenden getan. Neben täglicher *Kreislauf- und Atemgymnastik* ist die Vorbeugung durch *Antithrombosespritzen* und *Antithrombosestrümpfe* gegen eine Blutgerinnselbildung (*Thromboseprophylaxe*) in den Beinen mit der Gefahr einer tödlichen Lungenembolie unverzichtbar geworden.

Diese Maßnahmen haben die Emboliehäufigkeit in den letzten Jahrzehnten drastisch senken können. Die ersten Aufrichte- und Stehübungen vor dem Bett dürfen nur unter Puls- und Blutdruckkontrolle erfolgen (Gefahr des Kreislaufkollapses). Der Stationsarzt hat wiederholt eine „*DMS*"-*Kontrolle* des operierten Beines durchzuführen (**D**urchblutung, **M**otorik, **S**ensibilität (Sensibilität = Prüfung auf Gefühlsstörungen). Im Bett sorgen *Aufrichtehilfen* (Bettleiter, Bettgalgen) für die Unterstützung beim Ein- und Aussteigen, das Nachtschränkchen gehört auf die Seite der operierten Hüfte. Auf dieser Bettseite ist dann auch das Aussteigen aus dem Bett erlaubt. Leider existieren immer noch ehemalige, antike Massage- und ehemalige Kurinstitute als orthopädische Möchtegern-Rehakliniken, bei denen die gefährlich niedrigen Betten (Auskugelungsgefahr der Endoprothese bei Ein- und Ausstieg!) mit einer Bettseite unverrückbar fest an die Wand montiert sind.

Weiterhin kann eine in der Länge verstellbare *Fußstütze im Bett* dafür sorgen,, dass der Patient seine Füße vorsichtig dagegen stemmt und so bereits erste schonende Spannungsübungen für die Beinmuskulatur und eine muskuläre „Pumpfunktion" für die Rückflußförderung des Blutes möglich werden.

Das operierte Bein wird in leichter *Abpreizstellung* und möglichst auf einer gepolsterten Schiene gelagert, damit keine Außen- oder Innendrehstellung erfolgen kann. Auch ein Keilkissen zwischen den Beinen kann zusätzlich hierfür benutzt werden. Die vollständige Seitlage ist vorerst noch streng verboten.

Die *Mobilisation* sollte so früh wie möglich erfolgen, bereits am ersten oder zweiten Tag nach der Operation muss der Patient in die Senkrechte! Aus Sicherheitsgründen (Kreislauf!) sollten bei den ersten Aufstehübungen zwei Pflegekräfte helfen – zumal, wenn der Patient/die Patientin die 100kg-Schwelle seines Körpergewichtes bereits hinter sich gelassen hat.

Ob im Bett, auf der Bettkante oder später auf den Sitzgelegenheiten der Klinik darf das Hüftgelenk nicht über 90 Grad gebeugt werden. Die Hüfte muss dabei immer höher als die Kniegelenke liegen. Die in den Patientenzimmern zumindest mancher Pseudo-Rehaklinik noch aufgestellten, mit 20cm Sitzflächenhöhe durchgesessenen Neckermann-Sessel aus den Fünfzigerjahren eignen sich natürlich besonders gut als Auslöser einer Prothesenauskugelung (Luxation).

Beim Aussteigen aus dem Bett leistet ein *Fußbänkchen* mit rutschfesten Füßen gute Dienste. Hierbei wird das gesunde Bein zuerst belastet.

Die Mobilisation erfolgt mit unterschiedlichen Gehhilfen (Gehbock, Gehwagen, Rollator, Vierpunktsützen usw.), die Belastung der operierten Extremität nach der Vorgabe des Operateurs. Die zementierte Endoprothese kann im Allgemeinen sofort die *Vollbelastung*, die zementlose im Verlauf von einigen Wochen steigernd das volle Körpergewicht vertragen. In dieser Zeit soll das Bein „*teilbelastet*" werden, das heißt, man sollte nicht mit dem ganzen Körpergewicht auf das operierte Bein steigen. Für die ersten Tage nennt man das „*Sohlenkontakt*". Ein Belastungsgebot des Beines in Kilogrammstufen, womöglich auf der Badezimmerwaage getestet, manchmal sogar noch in ungeraden Teilbeträgen von 5kg(!) per Arztbrief gefordert, ist völlig absurd. Selbst im Biofeedback getestete Spitzensportler konnten eine solche kg-Frakturierung keine 10m konsequent durchhalten. Es ist kaum nachvollziehbar, wie ein hochbetagter Patient oder eine 91 kg schwere Mutti das schaffen soll. …Aber dieser Unsinn wird immer noch in manchen Physiotherapieschulen gelehrt. In der Reha-Klinik stehen immer noch Waagen in der Gymnastikhalle, manchmal sogar auf den Klinikfluren herum und fleißige Physiotherapeuten malträtieren mit erhobenem Zeigefinger völlig überforderte, ältere und alte Patienten mit der Forderung nach einer 15 kg Teilbelastung eines Beines.

Besonders ausrenkungsgefährlich sind nicht nur Beugungen der neuen Hüfte über 90 Grad (Bücken, Toilettensitz ohne Aufsatz, Aufrichten im Bett mit gestreckten Beinen, niedriges Sitzmobiliar, niedrige Betten). Auch die – eventuell gleichzeitig damit - verstärkte Außen- oder Innendrehung in der neuen Hüfte sowie eine vermehrte Ab- oder Anspreizung begünstigen die Auskugelungsgefahr für den Prothesenkopf.

So ist das Übereinanderschlagen der Beine, - hier ist natürlich das Auflegen des operierten Beines auf den Oberschenkel des anderen Beines gemeint -, ein nicht seltener Anlass für das sehr unangenehme Ereignis der Prothesen-Auskugelung, der Luxation. Darum sollte auch die Seitlage im Bett für wenigstens drei Monate nicht auf der gesunden Seite, sondern höchstens nach sechs Wochen, dann auch nur auf der operierten Hüftseite erfolgen, damit das operierte Bein nicht nachts unkontrolliert in eine Anspreizstellung über das gesunde Bein fallen kann. Ein Kissen zwischen den Beinen ist hierbei sehr sinnvoll.

Besondere Beachtung verdient das Schuhwerk des Patienten. Was da vor allem das weibliche Geschlecht oft an merkwürdigen Gebilden vor dem Bett stehen hat, Geräte, die voller Überzeugung als „Hausschuhe" bezeichnet werden, lässt dem Krankenhausdoktor die Haare zu Berge stehen.

Mit nur einer, meist dekorativ obenauf noch durch einen rosaroten, apfelgroßen Bommel versehen, 4cm breiten, vorderen Querbrücke als einzigen Halt für den sonst nach oben und hinten völlig offenen Fuß balanciert der mütterlich mächtige Körper nun auf mindestens 6cm hohen Keilabsätzen wackelnd über den Krankenhaus-PVC. Wenn dann noch vor dem Bett der von der fürsorglichen Familie mitgebrachte Bettvorleger im Schafwoll-Look („Oma hat doch immer so kalte Füße") den Bettausstieg zu einer Holiday-on-Ice-Kür werden lassen kann, steht dem doppelten Rittberger mit der Endoprothesenluxation oder gar Oberschenkelfraktur kaum noch etwas im Weg.

An dieser Stelle muss leider auch eine Vokabel Platz finden, die oftmals die Ärzte und das Pflegepersonal in einer Reha-Klinik frustriert: Die mangelnde Mitarbeit des Patienten, die fehlende *Compliance,* die Unvernunft. Hier ist nicht die Rede von oft altersbedingter Uneinsichtigkeit, vermindertem Merkvermögen oder dem bekannten Starrsinn der immer betagter werdenden Patienten. Es geht um Leichtsinn und Fahrlässigkeit, um das Ignorieren von Verhaltensmaßnahmen zur Vermeidung folgenschwerer Ereignisse.

Der nächtliche Harndrang kann selbstverständlich heftig sein. Wer aber trotzdem noch die Zeit findet, die Toilettensitzerhöhung zu entfernen, sich bückend nach dem von den Schwestern im Schrank versteckten, rutschigen Bettvorleger und den High-Heels-Hausschuhen suchen kann, oder einfach auch ohne den nötigen Harndrangzwang auf Gehhilfen beim Toilettengang verzichtet, benimmt sich fahrlässig und erlebt oft die Konsequenzen als Sturzverletzung und Ausrenkung des Kunstgelenkes. Es sind Gottseidank Ausnahmen, aber seltsamerweise solche, die sich immer dann ereigneten, wenn der Autor seinen nächtlichen Klinik-Bereitschaftsdienst hatte!

Über Tag sollten Schlupfschuhe ohne Schnürsenkel mit ausreichender Ferseneinfassung und höchstens halbhohem Blockabsatz, möglichst mit einer weicheren Gummi- oder Silikonsohle als Stoßdämpfer benutzt werden. Für den Alltags-Halbschuh verkauft der Orthopädieschumacher auch in der Klinik gummielastische Schnürsenkel, die einmal gebunden, nicht mehr geschnürt werden müssen. Nach Bedarf kann auch vom Orthopädieschumacher der Konfektionsschuh des Patienten geändert, das heißt eventuell einseitig erhöht werden. Nach Bedarf heißt, dass bereits bei der ärztlichen Aufnahmeuntersuchung in der Reha-Klinik unbedingt die Beinlänge im Seitenvergleich gemessen werden muss, da das operierte Bein oft durch den Protheseneinbau kürzer (oder auch länger) geworden sein kann.

Unbedingt muss auch eine Absatzerhöhung, die vor der Operation ein sorgfältiger Orthopäde wegen einer durch die Coxarthrose verursachten Beinverkürzung veranlasst hatte, wieder rückgängig gemacht werden, wenn sich die Beinlänge durch die Operation geändert hat.

Dass jede Endoklinik in jedem Patientenzimmer zumindest einen überlangen Schuhlöffel (der dann sehr häufig die Heimreise mit dem Patienten antritt) anbieten muss, sollte selbstverständlich sein. Die meisten der vorab aufgelisteten Verhaltensmaßnahmen gelten naturgemäß für den mehrwöchigen Zeitraum der stationären Nachsorge in einer Rehabilitationsklinik. Leider hat auch hier der ökonomische Hammer unseres Gesundheitssystems in den letzten Jahrzehnten zugeschlagen und Dinge nicht unbedingt zum Guten gewandelt.

Angefangen vom Zeitpunkt der Verlegung aus der Akutklinik bis hin zur Verweildauer in der Reha-Klinik werden die medizinischen Notwendigkeiten immer mehr von den rein wirtschaftlichen Aspekten der Kostenträger und Krankenhausverwaltungen ignoriert.

Dies beginnt bereits mit der schon erwähnten „blutigen Entlassung" aus der Operativklinik, deren Verwaltung am liebsten das noch warme Bett des Patienten am Verlegungstag neu belegen möchte. Das von unserer Gesundheitspolitik hier geschaffene Unwort heißt „*Fallpauschale*". Eine Wortschöpfung unserer Gesundheitspolitik, die nicht mehr den Patienten meint, sondern seine in möglichst kurzer Zeit profitgünstige Verfielfältigung. Die noch liegenden Wundfäden müssen oft in der Reha-Klinik entfernt werden. Es verkürzt sich hierdurch nicht nur die Dauer einer sinnvollen physiotherapeutischen Nachsorge, es entfallen auch sehr nützliche Mobilisationsarten wie die Bewegungstherapie im Schwimmbad. Waren es früher etwa 14 Tage einer Stationärtherapie in der operierenden Klinik und 5-6 Wochen einer stationären Nachbehandlung in einer AHB- Klinik (AHB=Anschlußheilbehandlung) bis zur Heimreise, wird der operierte Patient heute oft schon nach 6-8 Tagen aus der Akutklinik geschoben. Nach gerade einmal 3 Wochen Anschlußheilbehandlung wird er in die ambulante in die ambulante Weitertherapie geschickt.

Nach der Operation kann die einfühlsame Fürsorge des Lebenspartners eine erfolgreiche Rehabilitation sehr unterstützen.

Von den im Vorkapitel aufgeführten möglichen *Komplikationen* in der unmittelbaren Nachsorgephase gelten einige für die Hüftendoprothese besonders.

Die *Wundinfektion,* die *Thrombose,* die *Prothesenluxation* manchmal in Kombination mit einem *Schaftbruch des Oberschenkelknochens* (Periprothetische Fraktur) die *Muskellähmungen* an Ober- und Unterschenkel bei Schädigungen des Femoralis- und des Peroneusnerven sowie die nicht ausgeglichene Beinlängendifferenz bei postoperativer *Beinverkürzung* sind im ersten Zeitabschnitt der Nachsorgebehandlung besonders in der Reha-Klinik keinesfalls extrem seltene Vorkommnisse mit oft rasch notwendigen Folgemaßnahmen.

In den darauffolgenden Wochen und Monaten, meist im Verlauf der ambulanten fach- und hausärztlichen Weiterbetreuung, können sich dann septische und aseptische *Prothesenlockerungen, Weichteilverknöcherungen* und sogar noch bis Jahresfrist *Prothesenluxationen* als sogenannte Spätkomplikationen ereignen.

Besonders die Therapie der wiederholten, der *Rezidivinfektion* einer Hüft-Prothese mit heutzutage immer häufiger auftretenden Antibiotikaresistenzen soll noch Erwähnung finden. Irgendwann, nach dem zweiten oder gar dritten fehlgeschlagenen Versuch einer erneuten Endoprotheseneinpflanzung kommt die Entscheidung, weitere Versuche zu unterlassen.

Immer wieder bleibt letztlich nur die Resignation übrig, das heißt, der Verzicht auf eine abermalige Hüftendoprothese mit dem Rückzug auf eine verstümmelte Anatomie. *Girdlestone-Hüfte* oder *Sine-Sine-Plastik* (s.Abb.11) nennt man diese Kapitulation vor einer nicht beherrschbaren Wiederholungsinfektion.

Eine erhebliche Beinverkürzung von 8 bis 10cm mit der Notwendigkeit der orthopädischen Schuhversorgung und ein stark hinkendes Gangbild sind die Folgen. Notwendigerweise tolerieren Patienten diese Dinge eher als die vorher bestehenden Dauerschmerzen…und oftmals erstaunlich geduldig.

Nicht immer sind es die großen Tiere, die stärker sind als wir!

Eine Keramik- statt einer Metall-Endoprothese der Hüfte kann auch im Alltag ihre praktischen Vorteile haben

HÜFTGELENK OHNE KOPFPROTHESE

(Girdlestone Hüfte)

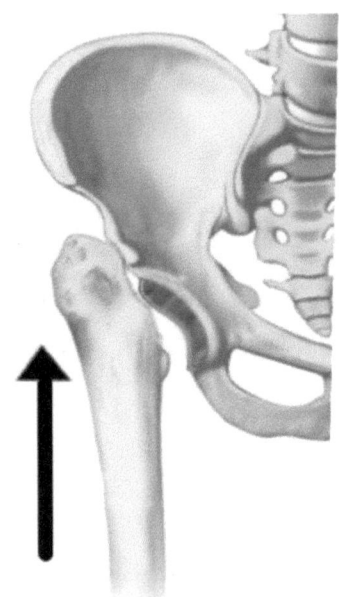

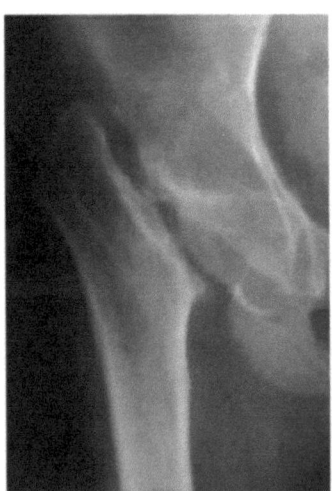

Abb. 11

6.5 Das neue Knie

Wann, wo, wie operieren

Auch wenn das Kniegelenk von seiner Anatomie und Statodynamik her völlig anders funktioniert als die Hüfte, gelten im Grunde genommen auch für die Kniegelenksarthrose (*Gonarthrose*) zumindest hinsichtlich der Operationsindikation und der Klinikwahl die gleichen Kriterien wie für die Hüfte.

Auch an diesem Gelenk ist häufig die erstaunliche Diskrepanz zwischen der röntgenologisch bereits bekannten Verschleißerkrankung und den Beschwerden im Alltag auffallend. Umso eher darf bei augenblicklich moderater, medikamentös weitestgehend beherrschbarer Schmerzsymptomatik, lediglich mäßiger Instabilität und Funktionseinbuße des Kniegelenkes sowie noch erträglicher Einschränkung der Lebensqualität keinesfalls nur das Röntgenbild eines deutlich verbrauchten Kniegelenkes operiert werden.

Eine sehr große Rolle bei der Indikationsstellung zur Operation spielt bei diesem lediglich durch Bänder geführten und stabilisierten Gelenk der Zustand des Kniebandapparates. Bei einer einigermaßen sicheren Knieführung sind beispielsweise Achsenfehlstellungen des Beines im X- oder O-Sinne mit nur im äußeren oder inneren Kniebereich deutlicher Arthrose durch sogenannte „Umstellungsosteotomien" ohne Gelenkersatz oder nur mit einem Teilersatz der abgenutzten Gelenkregion erfolgreich zu versorgen.

Für die Indikationsstellung zur Operation ist auch die Einbindung des Patienten in den Entscheidungsprozess der Operationsart sehr wichtig. Patienten über 70, die sich körperlich kaum noch fordern, können anders operativ behandelt werden als die deutlich jüngeren, beispielsweise 50-jährigen, mit noch anderen Aktivitätsvorstellungen für ihr weiteres Leben.

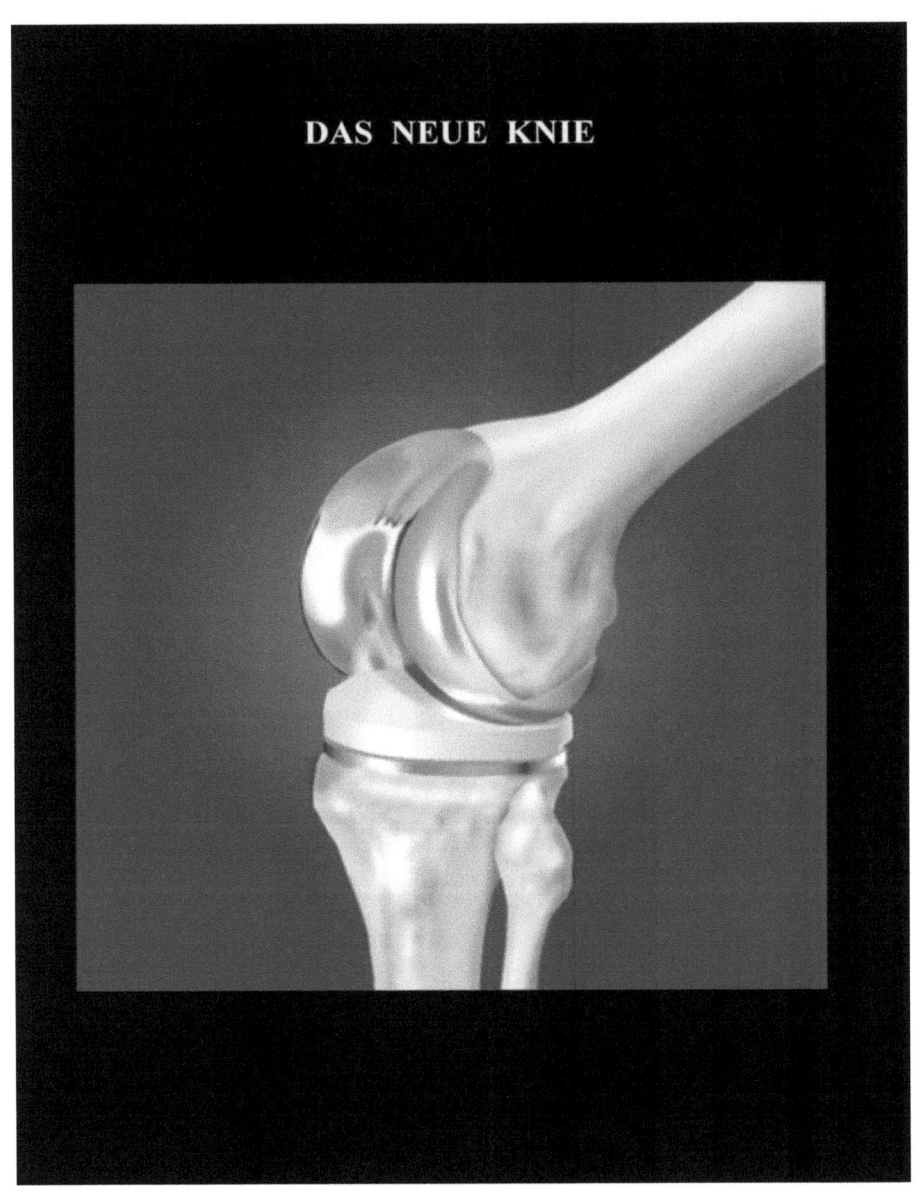

Abb. 12

Auch eine ausgeprägte Knochenentkalkung, eine *Osteoporose*, die besonders bei Frauen nach dem Klimakterium (Wechseljahre) häufig zu finden ist, bedroht die feste Verankerung einer Knieendoprothese. Ein extremes *Übergewicht* kann gleichfalls eine Kontraindikation für den Kniegelenksersatz darstellen.

Die im vorigen Kapitel zur Endoprothetik des Hüftgelenkes aufgeführten Gesichtspunkte hinsichtlich der Suche nach einer fachlich qualifizierten Klinik gelten selbstverständlich auch für das neue Knie. So können bei oft berechtigtem Misstrauen gegenüber den Weihrauchschwaden mancher Klinikangebote im Internet hingegen die Qualitätsurteile bereits hier operierter Patienten in diesem Informationsmedium durchaus hilfreich sein.

Die anatomische Konstruktion des Kniegelenkes mit letztlich drei Gelenkräumen, einem inneren, äußeren und einem Kniescheiben-Kniegelenkbereich bedingt auch die nicht seltene Entscheidung eines prothetischen Teilersatzes.

Es gibt drei unterschiedliche Möglichkeiten der Kniegelenksendoprothese (s.Abb.13):

1. Den einseitigen (mono–oder unikondylären) Oberflächenersatz, auch *unikondyläre Schlittenprothese*, Monoschlitten oder Hemischlitten genannt,

2. Den kompletten (bikondylären) Oberflächenersatz, auch als *bikondyläre* Schlittenprothese, Doppelschlitten oder *Knietotalendoprothese* bzw. *Knie-TEP* bezeichnet, wobei auch häufig die Gelenkflächen des Kniescheiben-Kniegelenkes erneuert werden.

ENDOPROTHESENMODELLE KNIEGELENK

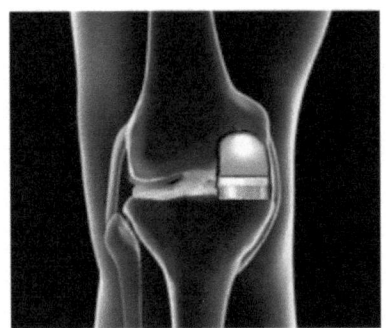

Der einseitige Gelenkersatz
(Hemiprothese,
monokondylärer,
unikondylärer Schlitten)

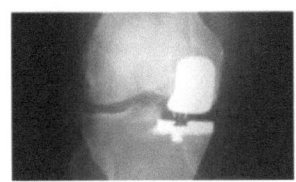

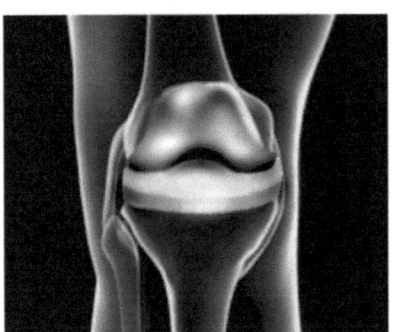

Der komplette Oberflächenersatz
(Totalendoprothese)

Der Ersatz des Kniescheiben-Kniegelenkes

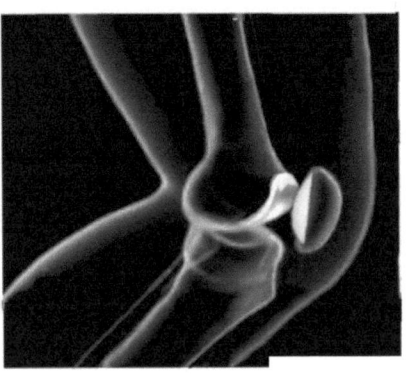

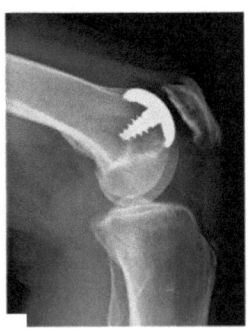

Abb. 13

Hierbei können die Gelenkpartner wie am natürlichen Kniegelenk weiterhin voneinander getrennt sein (*ungekoppelte Knieendoprothese*) oder scharniermäßig fest gelenkig miteinander verbunden werden (das *achsgeführte* Kniegelenk, die *teilgekoppelte oder gekoppelte Knieendoprothese*). Je nach der Qualität der kniestabilisierenden Weichteile kann dem Unterschenkel noch eine gewisse Drehfähigkeit erlaubt werden (*achsgeführte Rotationsprothese*) oder es ist nur noch die Scharnierbewegung des Unterschenkels gegen den Oberschenkel möglich (*achsgeführtes Knie*).

3. Den isolierten Ersatz des *Kniescheiben-Kniegelenkes*

Bei allen genannten Verfahren wird lediglich die Oberfläche des Oberschenkelknochens und der Schienbeinkopf-Gelenkfläche durch Abfräsen und Planschliff vorbereitet und entweder teilweise oder vollständig durch ein zementiertes bzw. zementlos eingesetztes Metall- oder Kunststoffimplantat ersetzt. Beide Komponenten auf der Schienbeinkopffläche, also Metall und Kunststoffteil, können entweder fest miteinander verbunden sein oder sich gegeneinander bewegen. Bei der ungekoppelten Knieendoprothese ist quasi als Meniskusersatz eine in der Höhe individuell angepasste Kunststoffscheibe zwischen die Prothesenteile des Ober- und Unterschenkels lose, oder, wie beschrieben, auf der Metallkomponente des Schienbeinkopfes fest aufgesetzt.

Die Fixierungen der Prothesenteile erfolgen wie bei der Hüftendoprothese entweder durch sehr passgenaues Einklemmen des Prothesenteiles (*Pressfit-Metho*de) oder durch das Einzementieren. Auch am Knie bezeichnet man, wie an der Hüfte, die Mischung beider Fixierungen als *Hybrid-Endoprothese.*

Eine sehr große Rolle für die Stabilität und für die Überlebensdauer einer Knieendoprothese spielt die Präzision, der achsgenaue Einbau der Prothesenteile. Bereits geringe Abweichungen können hier das Risiko einer sogenannten *aseptischen Prothesenlockerung,* somit den notwendigen, frühzeitigen Wechsel der Implantate bedeuten.

In den letzten fünfzehn Jahren haben sich vor allem in der Gelenk- und Wirbelsäulenchirurgie computergestützte Navigationssysteme etabliert, die eine erhebliche Verbesserung der dreidimensional nötigen Orientierung auch in der Endoprothetik bedeuten. Die genaue Bestimmung von Gelenkachsen und Drehpunkten kann die Lage der Gelenk-Implantate und die notwendigen Schnittflächen an den Knochen weit besser ausmessen als es das alleinige „Feeling" des Operateurs bislang vermochte. Ein eigenmächtiges, mechanisches Agieren eines Roboters findet hier nicht statt.

Die Nachsorge

Wie bei der Hüftgelenksendoprothese können wir auch bei der Knieendoprothese Früh- und Spätkomplikationen, allgemeine und örtliche, immer sehr unerwünschte Operationsfolgen verzeichnen. Insgesamt gesehen jedoch sind zumindest die örtlichen geringer als bei der Hüft-TEP.

So entfällt beispielsweise die Ausrenkungs-, die Luxationsgefahr der Knie- Endoprothese. Dafür ist die gefürchtete Frühkomplikation der tiefen Beinvenenthrombose gegenüber der Hüft-TEP noch einmal deutlich höher (1,5% gegenüber 0,79%). Die Gefahr einer oft tödlichen Lungenembolie ist auch durch die heute üblichen Thrombosevorsorgemaßnahmen (Heparinspritzen, Kompressionsstrümpfe bis mindestens sechs Wochen nach der OP) nicht völlig auszuschließen. Weiterhin können Nachblutungen, Nervenschädigungen, Wundheilungsstörungen mit Wundinfektionen und Kniegelenksergüsse die erfolgreiche Rehabilitation während der heute leider gängigen Praxis der sogenannten *Frührehabilitation* erheblich erschweren. Eine Bewegungsbadtherapie entfällt zum Beispiel bei noch liegenden Wundfäden hierdurch völlig. Fast ebenso gefürchtet wie die postoperative Thrombose sind narbige Bindegewebsveränderungen der Prothesenumgebung, die *Arthrofibrose*. Zwar entstehen hierbei keine örtlichen Verkalkungen wie sie nach der Hüft-TEP möglich sind, die zunehmende Einsteifung des neuen Kniegelenkes und die Rückfallhäufigkeit bei dem operativen Therapieversuch sind jedoch ein großes Problem.

Besonders zu schaffen machen der Chirurgie und operativen Orthopädie auch in der Endoprothetik des Kniegelenkes die Keimbesiedlungen der Krankenhäuser mit zunehmend resistenter werdenden Bakterien *(Hospitalismus)*.

Kurzfristig auftretende, aber auch erst im Verlauf von Monaten schleichend ablaufende Infektionen nach Endoprothesenoperationen zwingen auch am Kniegelenk keineswegs selten zum Prothesenwechsel. Zwar haben die vorsorgliche Antibiotikagabe im Zeitfenster der Operation und strengere Hygienemaßnahmen der Operationsräume in den letzten Jahren zu einer Absenkung der Infektionsquoten geführt, immer hartnäckigere Keime jedoch andererseits zur ebenfalls immer verzweifelteren Suche nach noch wirksamen medikamentösen Kampfmitteln.

So gehört die *Lockerung der Knieendoprothese* durch Bakterien (*Septische Prothesenlockerung*) aber auch durch nichtinfektiöse Verankerungsprobleme (*Aseptische Lockerung*) nach wie vor zu den wichtigsten und bislang keinesfalls zufriedenstellend gelösten Problemen nach einer Endoprothesenimplantation auch des Kniegelenkes.

Selbstverständlich ist ein nach der Operation in der Bewegung wieder funktionierendes Kniegelenk ohne Streck- oder Beugedefekt der Wunsch von Patient und Operateur. Besonders dann, wenn vor der Operation ein entsprechendes Funktionsdefizit vorhanden war und die knieführende Muskulatur nur noch aus ein paar schlappen Puddingresten besteht. Bereits am Tage nach der Operation wird mit der motorisierten Bewegungsschiene im Liegen das Knie schonend durchbewegt und eine gleichfalls tägliche krankengymnastische Unterstützung beugt einer Narbeneinsteifung vor.

Besonders der ältere Mensch muss baldmöglichst nach der Operation mobilisiert werden. Anfänglich sind es noch stabile und starre Gehhilfen (*Gehbock*), später dann Gehgestelle mit zwei, drei oder, bei steigernder Gangsicherheit auch vier Rädern (*Rollator*), bevor das Training mit Unterarm-Gehstützen beginnen kann. Klinikarzt und Physiotherapeut entscheiden den jeweiligen Wechsel der Gehhilfe individuell nach dem Mobilisationsfortschritt und der Gangstabilität des Patienten.

Wie bereits im Kapitel über die Hüft-TEP aufgeführt, spielt auch bei allen Gehübungen das zu benutzende Schuhwerk eine wichtige Rolle. Rutschfeste Sohlen, eine feste Fersenfassung und ein möglichst durchgehender Blockabsatz ohne schwindelerregende Absatzhöhen sollten eine Selbstverständlichkeit sein.

Nach einer zehn- bis vierzehntägigen Krankenhausbehandlung reicht eine ambulante Rehabilitation für eine bereits vor der Operation gut trainierte, noch einigermaßen „jugendliche" Kniemuskulatur aus, wenn zudem die physiotherapeutische Praxis nicht erst in dreißig Kilometer Entfernung vom Wohnort zu finden ist und die Therapie nicht nur einmal wöchentlich für zehn Minuten erfolgt.

Weit häufiger wird jedoch beim älteren und alten Patienten die *stationäre Nachsorge* in einer *REHA-Klinik* von mindestens dreiwöchiger Dauer erforderlich sein. Nur wenige Menschen waren in ihrem Leben ohne Not bereit, das Gehen mit Unterarmstützen als Hobby zu betreiben. Treppensteigen, - vor allem das Treppab gehen -, das Bewältigen unebener und schräger Gehstrecken, das Einsteigen in PKW und Bus sind Dinge, die erst erlernt werden müssen. Das Gehen unter weitestgehender Entlastung des operierten Beines für einige Wochen mit korrektem Gebrauch der Unterarm-Gehstützen, das Anziehen der Kompressionsstrümpfe und Schuhe, das Erlernen krankengymnastischer Übungen zu deren häuslicher, täglicher Fortsetzung und die gleichfalls für sechs Wochen täglich durchzuführenden Eigeninjektionen der Antithrombosespritzen sind gleichfalls Lernprozesse, die ältere Menschen in einer ambulanten Intervall-Rehabilitation überfordern würden.

Keineswegs unterschätzt werden darf auch die im Alter sowieso nicht mehr gut funktionierende Balance- und Gleichgewichtsfähigkeit mit dem hierdurch erhöhten Sturzrisiko auch bereits vor der Operation. Schon so manche Hundeleine hat sich für Herrchen oder Frauchen als plötzlich „umwerfendes" Lasso betätigt, wenn Bello beim Gassigehen in Sekundenschnelle seinen Hormontrieben nachgeben und auf der anderen Straßenseite einer hübschen Pudeldame nachjagen wollte.

So kann der Weg zurück zum alltagstauglichen Gebrauchsscharnier manchmal etwas mühsam sei. Der Rehabilitationserfolg hängt von vielen Faktoren ab, die auch der beste Operateur selten aufzählt, wenn er die notwendige Kniegelenkersatzoperation mit dem Patienten bespricht.

Neben einer qualitativ guten und ausreichend häufig durchzuführenden Krankengymnastik mit dem schrittweisen Aufbau einer lange unzureichend benutzten muskulären Kniegelenksführung ist die Mitarbeitsbereitschaft des Patienten von ausschlaggebender Bedeutung.

Die beste Physiotherapie nützt nicht viel, wenn es nur die zweimal wöchentlich für je 15 Minuten durchgeführte, einzige Aktivität nach der Endoprothesenoperation bleibt und in der übrigen Zeit der Fernsehsessel den Tag bestimmt. Der Fernsehsessel und sein Copilot, die Tüte mit den Chips auf dem Tisch. Das Übergewicht gehört nun einmal zu den schlimmsten Feinden einer gelungenen Rehabilitation und einer – zunächst theoretisch – wiedergewonnenen Mobilität.

Den manchmal traurigen Abschluss in der Auflistung möglicher Komplikationen nach einer Knieendoprothese bildet die nicht mehr beherrschbare, wiederholte Infektion der Endoprothese. Anders als bei der Hüfte ist hier die Endlösung nicht nur der völlige Ausbau des Materials, sondern die operative Aufhebung jeder Form einer Gelenkverbindung, die knöcherne Versteifung von Ober- und Unterschenkelknochen.

7. Jetzt mal ehrlich

7.1 Dichtung und Wahrheit

Seit Urzeiten versuchen die Menschen aller Rassen und Hautfarben Gesundheit und Krankheit, problemloses oder gestörtes Funktionieren des Körpers durch übersinnliche, positive oder negative Naturkräfte, göttliches Wirken und mystische Energieströme des Körpers zu erklären. Asiatische, orientalische, germanische, afrikanische und indianische Heilslehren überboten sich bei der unermüdlichen Suche nach obskuren Erklärungen für unheimliche Vorgänge im menschlichen Organismus. Götter, Dämonen, böse Geister, Magie und Beschwörungen sollten helfen, die Widerwärtigkeiten einer gestörten menschlichen Natur zu vermeiden, zu bessern, zu heilen.

Jahrtausende dauerte es, bis die Neugier und der Forschungsdrang einiger weniger Menschen immer mehr Erklärbares und vernunftgerecht Logisches aus der nebulösen Mystik bislang geheimnisvoller Phänomene des menschlichen Körpers herauslösten. Die medizinische Wissenschaft räumte zunehmend auf mit Scharlatanerie, klerikalem Geschwätz und betrügerischem Jahrmarktsschwindel. Selbstverständlich sehr zum Ärger derer, die an der Dummheit der Menschen reichlich Geld verdienten. Quacksalber, kirchliche Gesundbeter, Bader, Steinschneider und Kräuterhexen, Gurus und Medizinmänner aller Nationen waren natürlich nicht interessiert an Aufklärung und wissenschaftlichen Erkenntnissen.

Noch immer birgt der menschliche Organismus mit seinen unterschiedlichen, aber eng miteinander verflochtenen Organsystemen viele Geheimnisse, die wir vielleicht irgendwann ebenso entschlüsseln werden wie das Herz weniger als Zentrum der Liebe und des Schmerzes, sondern eher als Motor unseres Kreislaufs entlarvt werden konnte. Auch unser Bewegungsapparat, die in Jahrmillionen gewachsene Kombination aus aktiven und passiven Elementen, aus Muskeln, Sehnen, Bändern sowie aus den Teilen, die sie gegeneinander bewegen können, den Knochen mit ihren Gelenkverbindungen, ist ein solches Organsystem.

Was wir bis heute alleine über den biochemischen Stoffwechsel eines Gelenkes und die Möglichkeiten der krankhaften Störungen dieser hochsensiblen Konstruktion an wissenschaftlichen Erkenntnissen gewonnen haben, sollte uns eigentlich inzwischen von mittelalterlicher Krötenmedizin abgebracht haben. Eigentlich!

Sie sind zwar weniger geworden, die Märchen von schädlichen, negativen und pulsierenden Energieströmen unserer Umwelt, bösen Wasseradern unter dem Bett, Aderlassheilungen und Wunderwirkungen durch Breiauflagen aus zermahlenen Gänsefüßen, Entenschnäbeln und Maulwurfsblut sowie erfolgreichen, spirituellen Beschwörungen. Die Teufelsaustreibung, der Exorzismus zum Beispiel wird aber heute noch von der katholischen Kirche geduldet und auch als Vertreibung des Satans aus bösen Gelenken in Deutschland praktiziert!

Ganz verschwunden also ist diese Form der „Medizin" keineswegs. Die Benennungen, das Vokabular haben sich geändert, der haarsträubende Unsinn so mancher Behandlungsangebote ist jedoch geblieben. Zwangsläufig muss jetzt der weitere Weg in diesem Kapitel steiniger werden, müssen nun Konfrontationen mit ganzen Weltanschauungen, mit fanatischen Verfechtern festgefahrener Ideologien und gutgläubigen Heilsempfängern, mit Pseudomedizinern und überwiegend merkantil ausgerichteten Lobbyisten riskiert werden. Die Reizworte heißen „Naturheilverfahren", „Homöopathie", „Alternativmedizin".

Ein weites Schlachtfeld, auf dem die bereits jahrzehntelangen Kriege zwischen der Schulmedizin und der anderen, der „natürlichen" Art zu heilen, unversöhnliche Fronten geschaffen, erbitterte Argumentationsfeinde erzeugt haben.

Wie einfach wäre alles im Leben, wenn es nur Schwarz und Weiß gäbe.

Es ist bei der Betrachtung beider oben genannter Glaubensrichtungen wie mit den Anhängern der beiden Autonobelmarken aus Bayern und Schwaben: Die jeweiligen Fans der einen Marke wollen auf keinen Fall die andere ausprobieren, obwohl sie noch nie in einem Modell des anderen Herstellers gesessen haben.

So ist es auch in der Beurteilung einer sinnvollen Arthrosetherapie ganz sicher falsch, nur die eine oder andere Seite für einzig seligmachend auszuwählen. Dazu gibt es immer noch zu viele offene Fragen in der Arthroseforschung. Fragen, auf die weder die klassische Medizin noch die Naturheilkunde eine zufriedenstellende Antwort parat haben.

Inwieweit sich die Begriffe „Ganzheitsmedizin" oder das „Ungleichgewicht der Seinsebenen" oder auch die asiatisch-orientalischen Heilungsmethoden von Yin, Yang, Qi und Chakra in diesen Glaubenskrieg über die „richtige" Behandlung der Arthrose einordnen lassen, ist mehr oder weniger eine Frage der Weltanschauung oder uns Europäern ungewohnter Betrachtungsweisen des menschlichen Wesens. Die Importversuche dieser Gesundungsverfahren aus fernen Ländern können wir jedoch eher unter exotischen Gesichtspunkten einordnen.

Auch in einem Jahrtausend bahnbrechender medizinischer Erkenntnisse und Leistungen mit wissenschaftlich unwiderlegbaren Fakten in der Erforschung aller Organsysteme des Menschen halten sich aber auch in unserer sogenannten zivilisierten Welt hartnäckig mittelalterlicher Aberglaube, Kräuterhexen-Mentalität und orientalische Mystik. Jeder aufgeklärte und sich anhand seiner kommunikativ auf Plastiktäfelchen stupfend und rutschend tätigen Zeigefingerkuppen für einen „modernen" Menschen haltende Zeitgenosse weiß es:

Ohne tausendfach wissenschaftlich belegte Fakten in Elektrotechnik, Atom- und Astrophysik, Mathematik und Chemie würden wir keine Rakete zum Mars schicken können, würden wir auch in der medizinischen Wissenschaftslehre keine Herztransplantationen durchführen.

Der Nachweis, der nachvollziehbare Beleg spielt bei allen Naturwissenschaften eine völlig unverzichtbare Rolle. Natürlich auch in der Medizin. Ohne unser biochemisches, pharmakologisches, technisches und chirurgisch-anatomisches Wissen wären wir noch bei Krötenschleim, Pestbeulen und der Amputationssäge aus dem Werkzeugkasten des Dorfschmieds.

Im tiefsten brasilianischen Urwald verzehrte ein Indio das Herz seines getöteten, tapferen Gegners, um dessen Mut auf sich selbst zu übertragen. Bis vor wenigen Jahren wurden Millionen damit verdient, Menschen Tierzellen zu injizieren, angeblich um den menschlichen Organismus zu verjüngen. „*Frischzelltherapie*" nannte man diesen inzwischen in Europa (aber leider nur kurzfristig in Deutschland!) verbotenen Unsinn. Brasilianischer Urwald? Aber nein, Mitteleuropa!

Die Angehörigen eines verstorbenen Nobelpreisträgers sollten eigentlich dessen Grab vor dem Diebstahl seines Gehirns hermetisch schützen lassen, da bestimmt auch in unseren „zivilisierten" Breiten mit dessen portionsweisem Vertrieb hervorragende Geschäfte gemacht werden könnten!

Der Grundgedanke, über den Verdauungsweg Nahrungsbestandteile aufzunehmen, die einen positiven Einfluss auf unsere Gesundheit haben, ist selbstverständlich eine wesentliche Voraussetzung für unsere Lebensfunktionen, eine notwendige Basis für unsere Gesundheit. Ein ganzer Wissenschaftszweig, die Ökotrophologie, beschäftigt sich mit der vernünftigen und gesundheitsgerechten Zusammensetzung unserer Nahrung.

Die Vorstellung jedoch, dass im Verlauf des hochkomplizierten Verdauungsvorganges bestimmte Elemente aus einer Kombination unterschiedlicher Nahrungs-Wirkstoffe isoliert, quasi wie auf einer Einbahnstraße völlig unzerstört genau dahin gelangen, wo wir sie gerne platziert hätten, ist ziemlich naiv.

Eigentlich reichen nur wenige Grundkenntnisse über die biochemischen Vorgänge in unserem Verdauungstrakt aus, um zu wissen, was Verdauungssaft-Sekretion von Pankreas und Galle im Zwölffingerdarm, sowie die Resorptionsvorgänge im weiteren Dünndarmverlauf bewirken. Selbst die Ledersohlenpizza von Giorgio aus dem Mama Mia-Ristorante von nebenan wird in winzigste molekulare Einzelteile aufgespalten, die über das Pfortadersystem der größten chemischen Fabrik unseres Körpers, der Leber, zugeführt und hier weiter auseinandergenommen oder zu sinnvollen Bausteinen synthetisiert werden.

Die Verteilung und Verschickung dieser Bausteine erfolgt also ganz bestimmt nicht nach der Vorstellung der Hyaluronsäure-, Glukosamin- und Chondroitinfreaks extrem selektiv in den bedürftigen Gelenkknorpel, sondern überwiegend als wichtiges Konstruktionselement bei der Zellenneubildung in Dutzende von hyaluronhaltigen Gewebestrukturen unseres Körpers (Haut, Bandscheiben, Sehnen, Bänder, Milliarden von Bindegewebszellen usw.)

Der eventuell dann noch im Darm verbliebene Rest dieser in Tablettenform überreichlich angebotenen, aber für die Darmwanddurchdringung (Resorption) zu großen Glukosaminoglykanmoleküle saust dann im ICE-Tempo durch die Darmabschnitte bis zum Licht am Ende des Verdauungstunnels. Und dieser Rest denkt nicht daran, unseren Gelenkknorpel über einen noch unbekannten Geheimpfad zu erreichen und glücklich zu machen.

Da nachweislich die Hyaluronsäure mit ihrem sehr guten Wasserbindungsvermögen einen positiven Effekt auf den Hautturgor (Spannungszustand der Haut) hat, besteht aber durchaus noch die Möglichkeit, mit der intensiven, oralen Zufuhr von Hyaluronsäure zwar die Kniegelenksarthrose nicht sonderlich zu beeindrucken, dafür vielleicht aber ein paar Altersfalten am Gesäß zu vertreiben. Eine bislang etwas träge Darmtätigkeit möglicherweise anzuregen, wäre sicher noch ein weiterer nützlicher Effekt dieser ziemlich sinnlosen „Knorpelaufbau"-Behandlung über den Darm-Jakobs-Weg.

Für die Wirksamkeit dieser sogenannten Ernährungsergänzungs- oder Knorpelaufbaustoffe in der Form ihrer peroralen Zufuhr besteht nicht ein einziger brauchbarer, wissenschaftlicher Wirkungsnachweis!

Aber es gibt Menschen, die andere davon überzeugen können, dass Zitronenfalter Zitronen falten und dass Volksvertreter das Volk vertreten!

Die *Homöopathie* ganz in das Reich der Märchenerzähler aus Tausend-und-einer-Nacht zu verbannen, wäre sicherlich falsch. Ihr jedoch als überzeugter, naturwissenschaftlich orientierter Mediziner zumindest hinsichtlich einer wirksamen Arthrosetherapie sehr skeptisch gegenüber zu stehen, möge erlaubt sein. Seit der sogenannten „Lancet-Studie" im Jahr 2005 hat die erbitterte Fehde zwischen den oft fanatischen Anhängern der „Globuli-Therapie" und den kopfschüttelnden Schulmedizinern zu zeitweise heftigen, verbalen Konfrontationen geführt. Über die Philosophie, die Grundsätze und die Ideologie der Homöopathie zu diskutieren erscheint an dieser Stelle wenig sinnvoll. Es steht dem Verfasser nicht zu, über deren Therapieerfolge bei Kinderdurchfall, Heuschnupfen und chronischem Husten zu urteilen.

Sicher erscheint jedoch, dass wissenschaftlich belegte (evidenzbasierte = nachweisorientierte) Heilungserfolge bei einer Arthroseerkrankung auch in der homöopathischen Version der Arthrosetherapie nicht vorliegen.

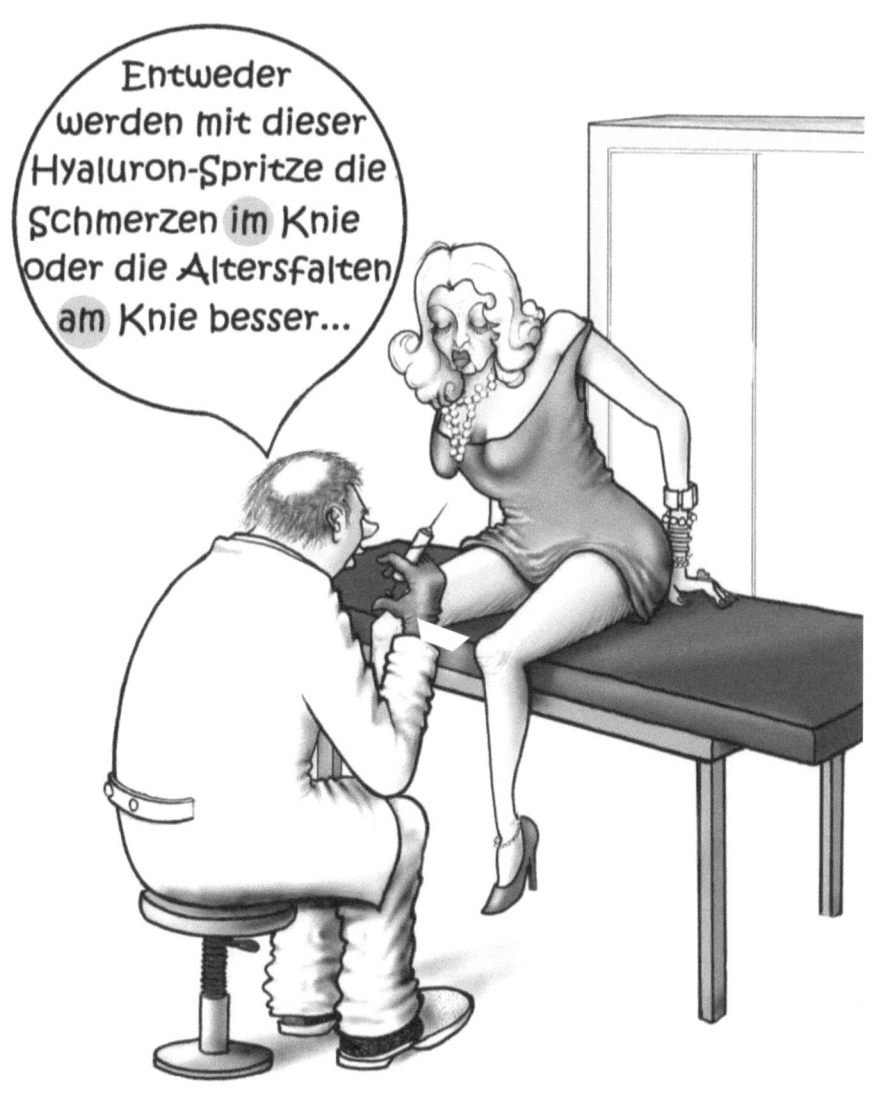

Hinsichtlich eines ausbleibenden Therapieerfolges durch Hyaluronsäure in der Arthrosebehandlung sollte sich der Arzt auch (natürlich liquidationsfähige) Erfolgsalternativen offen halten

Die Zerstörungen der Gelenkflächen als ein „Phänomen des Ungleichgewichtes, welches sich auf die Gelenke konzentriert" zu erklären, die „Selbstheilungskräfte" durch Teufelsrübe, Mistelkraut, Flussspat und Schüssler Salz zu aktivieren und dadurch „neue Knorpelmasse aufzubauen", ist jedoch mystischer Humbug, der mit ernsthafter Medizin nichts mehr zu tun hat.

Wiederholt wurde in randomisierten Doppelblindversuchen kein Unterschied der Homöopathiemittel zu Placebogaben (Placebo = völlig unwirksames Scheinarzneimittel) festgestellt. Doppelblindversuch heißt, im Zufallsmechanismus ausgesuchte Testpatienten wissen genau so wenig wie der Tester, wer von den Testpersonen ein Medikament oder ein Placebo erhält.

Wenn auch die Homöopathie zweifellos - auf der Grundlage welcher Heilungsmechanismen des menschlichen Körpers auch immer - ihre Erfolge in der Behandlung zum Beispiel chronischer Erkrankungen aufweisen kann, begeben wir uns aber mit den sehr bunten Variationen der *Naturheilkunde* weit in das Reich der Märchen und in die Küchen mittelalterlicher Kräuterhexen. Auf dem weiten Feld der *Phytotherapie* sind unter Bezug auf die oben erwähnten wissenschaftlichen Forderungen nach beweisbaren Zusammenhängen Verbindungen zwischen dem Verzehr von beispielsweise Weihrauch, Brennnessel, Weidenrinde sowie Wacholder und einer „Arthroseheilung" sehr anzuzweifeln. Die Beweise fehlen auch hier völlig!

Dem über Jahrzehnte als Facharzt für Orthopädie tätigen Verfasser ist kein einziger Fall bekannt, in dem Bachblüten, eine Edelsteintherapie, Vitalstoffkonzentrate oder Entsäuerungskuren eine deutliche bis bereits fortgeschrittene Arthrose zum Beispiel des Kniegelenkes auch nur im Geringsten fasziniert hätten.

Keinesfalls unerwähnt bleiben darf neben der Nennung dieser, selbstverständlich im Gesamtaufgebot äußert dubioser „Heilmittel" nicht vollständig aufgelisteten, Magen-Darm-Gruselmittel der extrem wichtige Einfluss der menschlichen *Psyche*.

Jeder Mediziner, und natürlich auch der geschäftstüchtige Naturheiler, weiß um die oft völlig unerklärlichen „Wunderheilungen", die je nach fachlicher Überzeugung, Heilberufung oder geschickter Vermarktung -- oder den beiden letzteren zusammen - als Erfolg der eigenen Heilungstätlichkeiten ausgelegt werden. Die Fachwelt nennt diese äußerst komplexen und noch lange nicht vollständig geklärten Zusammenhänge zwischen Körper und Seele *Psychosomatik*.

Auch hier soll nur die Rede sein von dem manchmal unbegreiflichen Einfluss, den Geistheiler, Placebo-Pillen, warzenbesprechende Handauflegerinnen und der Weihrauchduft mancher Wallfahrtsorte auch auf Gelenkbeschwerden haben können. Es steht ziemlich außer Frage, dass die oftmals unerklärliche Besserung „rheumatischer" Gelenkprobleme (was immer auch der Grund für die Diagnosebezeichnung „rheumatisch" war) nicht den hoffnungslosen Zustand eines arthrotisch völlig zerstörten Gelenkes betraf, sonder eher die pathologisch-anatomisch und klinisch nicht eindeutig fassbaren, manchmal chronischen Schmerzzustände meist eines größeren Gelenkes mit bislang völliger Therapieresistenz. Es stellt sich dem kritischen Betrachter derartiger Gelenkprobleme zwangsläufig die Frage, ob nicht schon die geklagten Beschwerden überhaupt irgendetwas mit dem bezeichneten Gelenk, geschweige denn mit dem Begriff „Rheuma" zu tun hatten.

So scheinen manche „Heilungserfolge" in der Alternativmedizin letztlich nur auf einer Kombination aus der Persönlichkeit eines suggestiv begabten Heilers und einem dafür besonders empfänglichen Medium erklärbar zu sein. Die Tiefen der menschlichen Psyche sind noch lange nicht ausgelotet!

Der Gerechtigkeit und Ordnung halber muss in der weiteren Betrachtung der Behandlungsangebote aus dem Reich der Natur deutlich unterschieden werden zwischen der Wirksamkeit peroraler, also über den Verdauungstrakt angebotener, Ingredienzien und Gebräue sowie der am und um das Gelenk herum verabreichten, vielfältigen Zubereitungen aus der Pflanzen- und Tierwelt einschließlich deren Ausscheidungen.

Die Grenze zwischen Wunderheilung und nachweisbarem Therapieeffekt wird nun etwas fließend. Die *Auflage, die Packung, der Wickel* ist eine seit Jahrtausenden benutzte und sinnvolle, örtliche Behandlung schmerzender Gelenke, wobei der Packungsinhalt weniger eine Rolle spielt als die Auflagentemperatur. Für Wärme und Kälte belegt die Wissenschaft hierbei Änderungen der Schmerzleitung, der Durchblutung und der Stoffwechselvorgänge. Auch muskuläre Überspannungszustände der gelenkführenden Muskulatur sind so positiv zu beeinflussen.

Ob nun Retterspitz, Quarkauflagen, Naturmoor, Heilerde, Fangopackungen oder phantasievoll zusammengebastelte Breiauflagen aus Fauna und Flora, warm oder eiskalt sollte es sein. Die Vorstellung hingegen, dass in den Auflagen und Packungen enthaltene Bestandteile die Haut durchdringen und so im Gelenk eine ganz spezielle Wunderwirkung entfalten, ist bis auf sehr wenige Ausnahmen für beispielsweise elektrisch transportierte Salbenmoleküle (*Iontophorese*) Wunschdenken und pharmazeutische Werbung.

Diese uralte örtliche, natürlich nur symptomatische Behandlung eines schmerzenden Arthrosegelenkes, hat mit Wundern nichts zu tun. Auch wenn die Kräuterhexe aus dem kleinen Häuschen am Dorfrand in Niederbayern behauptet, Kuhfladen, verfeinert mit zermahlenen Rattenschwänzen wären die einzig wahre, heilende Substanzkombination eines Wickels für das kranke Knie.

Zu den ernsthafteren Grenzfällen in diesem Kapitel gehört noch eine besondere Form der TCM, der traditionellen chinesischen Medizin, die *Akupunktur*.

Auch wenn für uns Europäer die Jahrtausende Jahre alte asiatische Art und Weise, die Funktionen des menschlichen Körpers völlig anders als unsere Schulmedizin zu betrachten, sehr gewöhnungsbedürftig und fremd ist, die immer wieder spektakulären Erfolge dieser Therapie sind unübersehbar.

Jedoch handelt es sich auch hierbei gleichfalls immer nur um eine vorrübergehend erzielte Beschwerdebesserung, eine ursächliche Beeinflussung des beginnend oder schon deutlich arthrotisch zerstörten Gelenkes im Sinne einer Knorpelregeneration findet nicht statt. Die Beschwerdebesserung kann manchmal jedoch beeindruckend lange anhalten.

Zwangsläufig gehört zur Thematik dieses Kapitels natürlich noch einmal die Betrachtung und abschließende Wertung der direkten, im Gelenk und am Gelenkknorpel angreifenden, medikamentösen Behandlungsmaßnahmen, die heute als „*Knorpelaufbauspritzen*" in ein Gelenk en vogue sind und mit dem Direktkontakt zugeführter Knorpelsubstanzen den geschädigten Gelenkknorpel unmittelbar sowie über eine Qualitätsverbesserung der Gelenkschmiere (Synovia) reparieren und neu aufbauen sollen.

Den Versuch, Inhaltsstoffe des Gelenkknorpels und der Gelenkschmiere zum Wiederaufbau des Knorpels zu benutzen, hat die Orthopädie schon in den 70-er und 80-er Jahren gemacht

Die Medikamente Arteparon, Dona, Zeel und Arumalon mit dem Inhaltsstoff Glucosamin, einem weiteren Bestandteil des Gelenkknorpels, hat der Verfasser selbst tausendfach in seiner Praxis als Gelenkinjektion benutzt. Häufig zwar mit oftmals mehrmonatigen Beschwerdebesserungen….aber nie mit einem röntgenologisch oder arthroskopisch (Arthroskopie = Gelenkspiegelung) beweisbaren Neuaufbau des behandelten Gelenkes. Alle diese Stoffe wurden in den 80-er Jahren vom Markt genommen.

Auch bei diesem Thema bewegen wir uns in einem Grenzbereich zwischen Wunsch und Wirklichkeit, in dem zwei Dinge strikt auseinandergehalten werden müssen: Kurzfristige oder auch zeitweise länger anhaltende Beschwerdebesserungen einerseits und zum anderen ein gewünschter, struktureller Neuaufbau untergegangener Knorpelzellen. Seit Jahrzehnten versucht die Medizin, diese beiden Dinge miteinander zu verbinden. Leider ohne Erfolg!

Das bedeutet, wir können tatsächlich durch die Hyaluronzufuhr vorrübergehende Aufquellungsvorgänge der vorhandenen, noch relativ gesunden Knorpelzellen mit einer kurzfristigen Qualitätsverbesserung des noch verbliebenen Gelenkflächenbelages erreichen. Ein Wiederaufbau fehlender Knorpelsubstanz hingegen ist bislang wissenschaftlich nicht nachzuweisen. Das ist in Dutzenden, selbstverständlich von der Pharmaindustrie in dieser Form keinesfalls widerspruchslos akzeptierten Versuchen belegt worden.

Inwieweit hier der Versuch, mit der gleichzeitigen Injektion nieder- und hochmolekularer Hyaluronsäure (Doppelkammerspritze) nachhaltigere Erfolge zu erzielen, nicht nur pharmazeutisches Werbegerassel ist, muss die Zukunft zeigen. Bislang sind auch hier nur subjektive Erfolge hinsichtlich einer Schmerzreduktion, jedoch kein Einfluss auf das Arthrosegeschehen selbst zu verzeichnen.

Eigentlich müssten diese Tatsachen jedem orthopädisch-chirurgisch und hausärztlich tätigen Mediziner bekannt sein und eigentlich sollte dies auch der hilfesuchende Patient erfahren,… eigentlich.

Das aus vielerlei Gründen immer wieder in Tausenden orthopädischer Praxen benutzte Unwort „Knorpelaufbau" ist somit grundsätzlich irreführend und wird oft genug verantwortungslos benutzt. Vor allem dann, wenn das Gelenk einen bereits erheblichen Zerstörungsgrad aufweist und nur noch jämmerliche Knorpelreste vorhanden sind, die mit der zugeführten Hyaluronsäure in welcher Molekulargröße auch immer nicht mehr viel anfangen können.

Ob der geplagte Patient wohl die von der Krankenkasse keinesfalls übernommenen Injektionskosten von 350,00 € bis 600,00 € für eine Injektionsserie von 6 Spritzen bezahlen würde, wenn er statt „Knorpelaufbau" die Vokabeln „mögliche, und vielleicht nur mehrwöchige Beschwerdebesserung" zu hören bekäme? Bestimmt nicht immer!

Bei einer zusammenfassenden Beurteilung der Wirksamkeit dieser Therapiemethode bleiben folgende Fakten:

Der positive Einfluss auf die Grundsubstanzen des gesunden Gelenkknorpels durch Hyaluronsäure ist unbestritten.…leider aber nicht auf einen bereits zerstörten oder sogar kaum noch vorhandenen Knorpel. Höchstens auf einen im Anfangsstadium geschädigten. Und dieses Anfangsstadium bemerken wir leider nicht, weil es meist noch keine Beschwerden macht!

Ebenso unbestritten kann die Injektion von Hyaluronsäure vorübergehend Besserungen entzündlicher Reizzustände der Gelenkinnenhaut mit Schmerzreduzierung und dadurch scheinbarer Funktionssteigerung des Gelenkes bewirken. Aber eben auch nur vorübergehend.

Die Hoffnung, durch dieses Medikament einen revolutionierenden Fortschritt in der ursächlichen Therapie der Arthrose zu erreichen, hat sich noch nicht erfüllt. Bislang ist der überzeugende wissenschaftliche Beweis einer längerfristigen Qualitätssteigerung oder gar Reparatur des kranken Gelenkknorpels nicht erbracht worden

Das Versprechen, ein bereits hochgradig geschädigtes Gelenk damit zu reparieren, ist somit schlichtweg fachlich falsch.

Einige weitere, gleichfalls als Gelenkinjektionen auf den Markt gebrachte Substanzen (z.B. Glucosamin, Chondroitinsulfat) sind den wissenschaftlichen Nachweis eines „Knorpelaufbaus" ebenfalls schuldig geblieben

Kein vernünftiger Autofahrer wird einen Kolbenfresser im Automotor mit einem Ölwechsel reparieren wollen! Diese Reparatur ist auch für ein von der Arthrose fast aufgefressenes Gelenk nicht möglich!

Dafür hat die kosmetische Industrie die Hyaluronsäure seit kurzem für sich entdeckt. Es lassen sich damit Altersfalten unterspritzen, Lippen zu Minifahrradschläuchen und flache Brüste oder platte Gesäße zu vermeintlich attraktiveren Runddimensionen formen.

Zweifellos haben hingegen die chirurgischen Versuche, bei jüngeren Menschen mit örtlich begrenzten, oftmals verletzungsbedingten Knorpelschäden der Gelenkflächen, beispielsweise am Kniegelenk, durch Knorpelverpflanzungen und Züchtung eigener Knorpelzellen auch außerhalb des menschlichen Körpers, erhebliche bessere Reparatur- und Heilungschancen.

Da dies aber eine Schrift sein soll, die sich überwiegend mit dem generalisierten und meist schicksalhaften Verschleiß des gesamten Gelenkes, der Arthrose, beschäftigt, würde hierbei von der Thematik des Buches etwas abgewichen.

Es mag sein, dass in diesem Kapitel einige besonders unsinnige Behauptungen, „Behandlungs"-Angebote und medizinisch völlig absurde Abnormitäten fehlen. Einiges davon ist jedoch so abstrus, dass der Verfasser sie zumindest erwähnen möchte.

Wer mit Schlagworten wie „Arthrose heilt sich selbst", „Arthrosefrei für immer", „Arthroseheilung durch Eigenblut", „Übersäuerung zerstört den Knorpel" „„Arthrose ist das Ungleichgewicht der Seinsebenen", „Arthrose ist eine Störung des Vata-Systems" und bedarf der Panchakarmabehandlung (Ayurveda-Medizin) bei Kranken Heilungs-Hoffnungen weckt, die nicht erfüllbar sein können, handelt unverantwortlich und begibt sich in die Nähe von Wurzelsepp, Reserverasputin und Melissengeist-Guru.

Nur wenige Menschen lassen sich davon überzeugen, dass bei Schnupfen heftiges Schnäuzen Gehirnmasse kosten könnte (…was möglicherweise bei dem besorgten Warner schon passiert ist). Dass aber häufiger Verzehr von Essiggurken eine Arthrose verursachen kann, soll hingegen einen einigermaßen intelligenten Menschen ernsthaft als „Störung in der Zufuhr von Nahrungsergänzungsstoffen" zur Ernährungstheorie für gesunde Gelenke bekehren. Welch absurder Unsinn!

In der abschließenden Zusammenfassung dieses Kapitels kann letztlich festgehalten werden:

Freie Dichtung ist die Behauptung, dass eine einmal in Gang gekommene Arthrose heilbar sei. Die Wahrheit ist, dass eine Reihe von Maßnahmen die Beschwerdekomplexe der Arthrose deutlich bessern, die Schmerzen lindern und die Gelenkfunktionen wieder steigern können…..Wenn auch nur für einen immer begrenzten Zeitraum und manchmal auf recht merkwürdigen Wegen unter Mithilfe unserer Psyche.

Den wissenschaftlich korrekten Nachweis einer „Entschleunigung", also einer Verzögerung des Arthroseverlaufes durch die aufgeführten Behandlungen mit „Knorpelaufbau"-Medikamenten zu erbringen ist weder anhand der geschilderten, möglicherweise reduzierten Beschwerden des Patienten noch durch eine medizinisch- technische Diagnostik möglich.

Letztlich könnten nur im Verlauf oder nach der medikamentösen Therapie wiederholte, operative Kontroll-Eingriffe mit Knorpelzellentnahmen und der feingeweblichen Untersuchung der Knorpelzellen dieses Ziel erreichen.... und das ist keinem Patienten zumutbar und somit praktisch nicht durchzuführen.

Die „Reparatur" einer bereits erfolgten Arthrosezerstörung des Gelenkes ist nach dem heutigen Wissensstand bislang nicht wissenschaftlich fundiert nachzuweisen.

7.2 Euro-Schamanen und Äskulaps Erben
Die Heilsberufung

Seit Urzeiten bemüht sich auf unserem Planeten eine ehemals kleinere, heute deutlich größere Schar edler und aufopferungsvoller Erdenbürger um das gesundheitliche Wohl ihrer Mitmenschen. Diese Spezies unterschied sich schon bei den Naturvölkern der Vorzeit nicht nur durch ihre Selbstlosigkeit und uneigennützige Nächstenliebe von anderen Berufen.

Ihre Vereinsmitglieder kleideten sich auch seit Menschengedenken so, dass man sie rechtzeitig und schon von weitem erkennen konnte. In der Ausübung ihrer Tätlichkeiten trugen sie bunte Masken, oft mit Hörnern verziert, Pfauenfedern um die Lenden und Glöckchen an Ohren, Nasenflügeln und Fesseln sowie am Ledergürtel mit Menschenknöchelchen geschmückte, nach oben stets weit geöffnete, (große) Taschen für die milden Gaben dankbarer Geheilter... oder zufriedener Erben.

Die Erleuchtung, für diesen heiligen Beruf auserwählt zu sein, kam oft erst nach monatelanger Einsamkeit und Askese auf hohen, heiligen Bergen oder in der einsamen Wüste durch langes, kontemplatives Nachdenken und unter Mithilfe vieler kompetenter Götter der Heilkunde.

Bevor jedoch der solcherart Auserwählte seine göttlichen Heilkräfte an den Mitbewohnern seines Urwaldkrals beweisen konnte, musste er meist noch lange Jahre bei einem Meister der Kräuter- und Giftkunst in die Schule gehen, bis er dessen Insignien der Heilslehre, die Dreifach-Halskette aus Menschenzähnen, aufgereihten, der Größe nach sortierten Blasensteinen und amputierten Kleinzehen tragen durfte.

Dann allerdings waren seine Kenntnisse in der Naturheilkunde so umfassend, dass er zum Beispiel die Knieschmerzen des Häuptlings mit einem Sud aus Pavianurin und getrockneten, zermahlenen Kröteneiern, alles dezent gewürzt mit ein wenig feiner Humuserde vom Dorffriedhof behandeln konnte (dreimal täglich eine Kokosschale).

Die hierbei unangenehmerweise als furchtbarer Dauerbauchschmerz auftretende Nebenwirkung des Heilmittels übertönte dabei in ihrer Intensität die Gelenkschmerzen des Häuptlings für wenigstens acht Tage. - Lange genug, bis die Hüft- oder Knieschmerzen von selbst besser wurden - . Dann konnte selbstverständlich das solcherart hilfreiche Naturheilmittel wieder abgesetzt und die erfolgreiche Vertreibung des bösen Gelenkgeistes in Rechnung gesetzt werden. Bezahlt wurde dann mit einer oder auch zwei gewichtigen Damen aus dem Häuptlingsharem...

Im Verlauf der Jahrhunderte sind in der zivilisierten Heilkunde natürlich einige Dinge deutlich anders und auch besser geworden! So wurde das oben beschriebene, etwas streng schmeckende Naturheilmittel heute durch Geschmackskorrigentien genießbarer gemacht und der Heilende muss auch beim Heilen nicht mehr so lange um den Patienten herumtanzen.

Gleichfalls geändert haben sich auch das Aussehen, die Formen und die Größendimensionen der Zahlungsmittel. Auch das Kostüm, mit dem heute noch (halb)göttliche Kompetenz und Sendungsbewusstsein signalisiert wird, ist nun schlichtes, bei den meisten auch kaum sichtbar beflecktes, weißes Linnen.

Bei einer sich im Laufe der nächsten Jahrhunderte rasch verbreitenden Variante des Heilerberufes mutierte nun die Dreifach-Halskette zu einem Doppelgummischlauch um den Nacken des Heilers, an den Enden verziert durch Ohrstöpsel und Chromtrichter. An die kleinen Nasen- und Ohr-Glöckchen der Urheiler sollen heute vor allem bei jüngeren Heilkunde-Eleven silbrige Ringlein durch Ohrläppchen und Nasenflügel erinnern.

Der Verlust der großen Taschen am Ledergürtel der Medizinmänner wurde inzwischen ebenfalls gut kompensiert. Bei einigen weißbekittelten und merkantil hochbegabten Sonderexemplaren der Heilerzunft geschah dies durch besonders voluminöse BL-Metallkassetten (BL = Barliquidation) in ihren (untersten) Schreibtischschubladen (die sogenannte IGEL-Lade, s.Kap.7, 4).

Unverändert geblieben ist eigentlich über all die Jahrhunderte nur der oft mystische Beginn des Berufsweges, der heilige Moment der Erleuchtung, des hehren Entschlusses, fortan als Helfer des Menschen zu wirken.

Hier ist nicht allein die Rede von den wundersamen und verschlungenen Wegen, auf denen so mancher Hippokrates-Jünger hierzulande nach dieser, vorwiegend für seine Mitmenschen, schicksalhaften Entscheidung nicht nur an den Anfang, sondern erstaunlicherweise auch bis an das Ende eines langen Medizinstudiums oder gar darüber hinaus gelangt.

Es soll hier auch eine besondere Spezies von begnadeten Hilfsheilern Erwähnung finden, die von ihrer Berufung völlig blitzartig und unvorbereitet überwältigt wurden.

Vom Kfz-Mechaniker über den Bäckergesellen und die Bankangestellte bis zum Berufsboxer reicht die Palette derer, die plötzlich, beispielsweise über eine Zeitungsannonce in der Samstagsausgabe ihres Heimatblättchens, den zwingenden Ruf ihrer inneren Stimme hörten, fortan nach einer (Aus)Bildung über Fern- oder Crash-Kurse als Heilende „praktisch" tätig zu werden. ...Und leider, leider waren nur wenige von ihnen schwerhörig!

Wie schön wäre es doch gewesen, wenn der eine oder andere der so gewaltig vom Strahl der Erkenntnis getroffenen, so wie damals bei den Naturvölkern, ziemlich lange auf heiligen, ganz, ganz hohen Bergen oder in sehr weiter, weiter Wüste seinen Entschluss noch einmal gründlich überdacht hätte!

Bei all der langjährigen, oft mühsam aufgebotenen Toleranz gegenüber dem Berufszweig der „praktisch Heilenden" und bei manchmal auch durchaus angebrachtem Respekt vor darunter vorhandenen, beeindruckenden Persönlichkeiten mit charismatischer Ausstrahlung und - wahrscheinlich dadurch - erstaunlichen „Behandlungs"-Erfolgen will der Autor jedoch die wirklich ernsthaft betriebene Naturheilkunde vor allem als Ergänzung der Schulmedizin sehen und sie keinesfalls völlig ablehnen. Höchstens die Scharlatane, die diese Vokabel benutzen, um gutgläubige und hilfesuchende Menschen mit ihrem pseudomedizinischem Wissen und der völligen Verdammung der Schulmedizin nicht nur zu verdummen, sondern sogar zu gefährden.

Solange Homöopathie und Naturheilverfahren von ausgebildeten Medizinern auf der Basis und in der Ergänzung ihres über viele Jahre erworbenen Fachwissens für sinnvoll und erfolgversprechend gehalten werden, darf man davon ausgehen, dass hier möglicherweise Fachleute wissen, was sie tun. Solange auch der Hilfsheiler um seine Grenzen weiß, lebensbedrohliche Erkrankungen des Menschen erkennt und sie rechtzeitig zur effektiven, möglicherweise auch operativ notwendigen Therapie weiterleitet, sei ihm das Sendungsbewusstsein unbenommen.

Wer sich jedoch, wenn er seinen Gartenzaun – vielleicht sogar ganz ordentlich - gestrichen hat, fortan als Kunstmaler bezeichnet und an Diskussionen über zeitgenössische Malerei beteiligen will, verdient genauso wenig fachliche Hochachtung wie derjenige, der sich mit der glanzvollen Tat, einen Hosenknopf annähen zu können, selbst zum Modedesigner küren will.

Wie bei jeder Form des Fanatismus sind hierbei die selbsternannten Heilpäpste mit ihren imperativ, besonders in den elektronischen Medien vorgetragenen, Lehren alternativloser Heilungsmöglichkeiten für ein zerstörtes Gelenk als ernstzunehmende medizinische Diskussionspartner gleichfalls alternativlos abzulehnen.

Wer sich als Arthrosepatient tatsächlich einen Einfluss auf die Heilung seines beginnend oder schon deutlich maroden Gelenkes durch Edelsteinessenzen, spirituelle Engelmedizin, schamanische oder Fremd- und Ahnenenergien, Reinkarnationstherapie, Tantramassage oder Bioenergie verspricht, vielleicht sogar eine erfolgreiche Behandlung „im Rhythmus des Mondes" erwartet, glaubt auch an Exorzismus, Steinbeißer, grüne Männchen und Ufos im heimatlichen Garten …. und vielleicht auch an die Übersetzung „christlich" für das „C" im Logo der einen oder anderen Partei.

7.3 Knorpelzellgärtner und Skalpellartisten

Keineswegs sollen die Vokabeln aus dieser Kapitelüberschrift abwertend oder spöttisch gemeint sein. Im Gegenteil. Was heute die Gelenkchirurgie anbietet, war teilweise noch vor fünfzig Jahren Zukunftsmusik. Hier ist vor allem neben der Gelenkersatztherapie die Knorpelzellforschung und die Implantations- bzw. die Knorpeltransplantationschirurgie gemeint.

Auch die bislang immer noch nicht ganz zufriedenstellenden Bemühungen um den sinnvollen, praktischen und örtlichen Einsatz der molekularen Bestandteile von Knorpelzellen und Gelenkflüssigkeit gehören in die Auflistung der Gelenkforschungserfolge. Möglicherweise werden in den nächsten Jahrzehnten aus dem Lichtstreifen am Horizont weitere Sonnenstrahlen für Gelenkschäden vor allem an den großen Extremitätengelenken.

Natürlich ist die Betrachtung solcher Therapieerfolge sehr verführerisch. Die Versuchung, technisch, jedoch leider auch kommerziell, in die Praxis umzusetzen, was gerade erst im Anfangsstadium gelungen ist, muss zwangsläufig zu überbordenden Werbesprüchen führen, die einfach unrealistische Vorstellungen beim hilfesuchenden Patienten auslösen.

Wie bereits im Kapitel 6.3 beschrieben, ist die Knorpelzelltransplantation selbstverständlich eine brillante und zukunftsträchtige Operativtherapie zur Behandlung von überwiegend durch Verletzungen ausgelösten, *örtlich begrenzten Gelenkflächenschäden* an den großen Extremitätengelenken meist noch jugendlicher Patienten. Sie jedoch in bunten Privatklinikprospekten missverständlich als eine „Regenerationsbehandlung für knorpelkranke" Arthrosegelenke anzubieten, ist einfach falsch und verantwortungslos.

Vielleicht ist hierbei die Möglichkeit nicht ganz auszuschließen, dass dieses Missverständnis zweckdienlich verursacht werden soll. Patienten mit einer erheblichen und das gesamte Gelenk betreffenden Arthrose würden bei korrekter Eingrenzung der Behandlungsindikation sicher kein Interesse mehr an den hohen, selbst zu übernehmenden Operationskosten zeigen.

Für eine universelle Zerstörung, also für die Gesamtarthrose eines Gelenkes, ist diese Behandlungsart nicht anwendbar. Nach der aktuellen Definition der chirurgischen Fachgesellschaften sind erfolgreiche Knorpelzelltransplantationen ab der Größenordnung von 4 Quadratzentimetern nicht mehr sinnvoll.

Wie bereits früher erwähnt, ist die Besprechung dieser operativen Vorgehensweise für die eigentliche Thematik dieser Fibel zweitrangig, weil hier nicht von den ausgedehnten Zerstörungen einer generalisierten Arthrose, dem überwiegenden Problem der alternden Bevölkerung ausgegangen werden kann.

7.4 Hippokrates zwischen Ethik und Kommerz
Die Diagnose durch die Hose

Nein, früher war nicht alles besser in unserem Gesundheitssystem. Aber Einiges war anders und Einige waren anders. Vor allem Einige, die in weißer Berufstracht mit diesem Gesundheitssystem heute umgehen müssen, haben sich angepasst, haben Verrenkungen auch hinsichtlich ihres Berufsbildes in Kauf genommen, die mit einem fleckenlosen Weißkleid nicht immer ganz in Einklang zu bringen sind. Auch nicht immer, oder eher etwas abgewandelt, nicht so richtig passen wollen zu dem irgendwann einmal abgegebenen Eid des Hippokrates: *„…..Meine Verordnungen werde ich treffen zu Nutz und Frommen der Kranken nach bestem Vermögen und Urteil…"*

Vor allem die Vokabel „Vermögen" scheint bei einigen Humanmechatronikern in der Wortinterpretation merkwürdige Wandlungen erlebt zu haben.

Zunächst jedoch weiß jedes Kind, der Arzt hat gefälligst „Edel, hilfreich und gut" zu sein. Selbstlos, möglichst noch unentgeltlich. soll seine heilende Hand Tag und Nacht Gesundheit spenden und den Laib Brot, den er hin und wieder als Lohn dafür erhält, soll er mit denen teilen, die ihm dabei zur Seite stehen. Also mit der Krankenkasse, der Hausbank, dem Finanzamt, den Versicherungen, seiner Rentenkasse und dem Praxispersonal. Jeder Erwachsene weiß hingegen, das mit der Selbstlosigkeit und dem Edelmut sind Grimms Märchen. Die Realität sieht heute anders aus. Die ärztliche Praxis ist ein Geschäft, ein Kleinunternehmen geworden mit knallhart notwendiger Ökonomie und Betriebskalkulation bei straffer Organisation unter dem Druck permanent steigender Unkosten und Regressdrohungen der kassenärztlichen Vereinigung. Unsere Gesundheitsstrukturkastrationsgesetze haben in den letzten Jahrzehnten zum stillen Untergang auch hunderter Arztpraxen geführt.

Hier ist nicht die Rede von den Luxuspraxen in den Nobelgegenden mancher Großstädte, sondern von der „Normalpraxis", beispielsweise eines Orthopäden, dem bei einem Kostensatz von 56,5 %, einem Steuersatz von 35% und der Pauschalvergütung von 34,00 € pro Patient im Quartal (= 11,33 € pro Monat!) am Monatsende weniger übrigbleibt als dem Klempnermeister im Nebengebäude. Es ist heute praktisch kaum möglich, die Unkosten einer modernen orthopädischen Praxis allein aus den Kopfpauschalen für Kassenpatienten zu decken.

Natürlich wird der niedergelassene Orthopäde keine Sozialhilfe beantragen müssen, solange er seine Praxis betreibt, aber er wird sich alle Möglichkeiten, etwas mehr als ein Assistenzarzt im Krankenhaus verdienen zu können, offen halten.

Hier spielt nun unser Gesundheitssystem mit der schon lange bestehenden Zweiklassenmedizin die entscheidende Rolle. Das Praxis-Zauberwort heißt „Privatpatient". Es besteht heute eine erhebliche Schieflage, eine unfaire Verwerfung im „Geschäftssystem Praxis", die dazu geführt hat, dass viele orthopädische Praxen nur noch über den Privatumsatz Profit machen können, nur noch über private Zusatzleistungen das Management ihrer Praxis bewerkstelligen.

Es steht außer Frage, das alles hat leider keine erfreulichen Konsequenzen. Die Verbitterung des Kassenpatienten beginnt bereits bei der Terminvergabe mit der Differenzierung beider Krankenkassensysteme schon am Telefon, oft extremer Terminbegünstigung des Privatpatienten und monatelangen Wartezeiten für den „Normalbürger". Auch der vom hippokratischen und Samaritergeist völlig durchdrungene Orthopäde kann sich nun nicht davor schützen, den Privatpatienten in seiner Praxis freudiger zu empfangen als die zweibeinige „Kopfpauschale" von 34,00 € für ein Quartal. Die Kopfpauschale sicher nicht weniger freundlich, aber eben viel später. Über das weniger freundliche Entgegenkommen des Doktors zu sinnieren, wenn eines seiner kostenpflichtigen IGEL-Angebote (s.Abb.14 S.153) vom Kassenpatienten abgelehnt wurde, ist boshaft und – in den meisten Fällen jedenfalls – natürlich nicht angebracht.

Über diese Angebote jedoch hinsichtlich ihres Therapiewertes zu grübeln, ist hingegen bestimmt genauso zweckmäßig wie einen Blick auf das so üppig angebotene Therapiespektrum beispielsweise für den Arthrose-Kassenpatienten zu werfen.

Wer von den Kassenpatienten weiß schon, dass in der oben aufgeführten Quartals-„Kopfpauschale" von ca. 11,33 € pro Monat nicht nur die Vergütung für Untersuchung, Beratung, Ultraschalluntersuchungen, Rezepte und Arztbriefe, sonder auch für physikalische Therapien in der Praxis enthalten ist. Wer glaubt denn da noch ernsthaft an die überbordende Begeisterung des orthopädischen Praxisinhabers für personalintensive Lokalbehandlungen zum Beispiel für ein schmerzendes Kniegelenk?

Fangopackungen, Interferenz-, Kurzwellen- und Ultraschallbehandlungen, Massagen der kniegelenkführenden Muskulatur, medikamentöse Lokaltherapie der Kniegelenksumgebung als Infiltrations- oder Quaddeltherapie…

Wer meint denn wirklich , dass der Doktor großes Interesse daran hat, für eine Monatsvergütung, deren Höhe heute keine Putzfrau mehr als Stundenlohn akzeptiert, diese Therapie auf eigene Kosten in der Praxis anzubieten?

Wenn Krankenkassen bereits Prämien für besonders wenige Blutuntersuchungen ausschreiben, ist die Perversion dieses Systems kaum noch zu übertreffen!

So geschieht denn täglich, was heute so mancher Kassenpatient kennt. Nach sechswöchiger Wartezeit auf einen Arzttermin, einer Wartezeit, nach der das Knie in einem der natürlich möglichen, beschwerdearmen Intervalle sowieso kaum noch schmerzt, trifft der Patient - auch noch zum auslaufenden Quartal (hier ist das „Regelleistungsvolumen" der Vergütung durch die Kassenärztliche Vereinigung bereits häufig ausgeschöpft) - auf einen kaum noch hochgradig motivierten Doktor.

Wenn sich bereits in den elektronischen Medien immer mehr Patienten beschweren, der Doktor habe in den drei Minuten „Sprechstundenzeit" das kranke Knie weder angeschaut, angefasst, geschweige denn untersucht, kann man sich eigentlich als überzeugter Orthopäde nur noch „fremdschämen". Besonders dann, wenn der von dieser Patientenklage betroffene Doktor gerichtlich gegen den „online" - kritischen Patienten wegen „Rufmord" und „Verleumdung" vorgeht. Selbstverständlich erst dann, wenn er seine Quartalsabrechnung über die nicht erbrachten Leistungen an diesem Patienten der kassenärztlichen Vereinigung geschickt hat.

Eine „eingehende, körperliche Untersuchung" abzurechnen, wenn man die erkrankte Körperregion des Patienten noch nicht einmal gesehen hat, erfüllt eigentlich juristisch den Tatbestand des Betruges. Eine Ausnahme? Dieses Szenario passiert jeden Tag, tausendfach und in allen Variationen. Glücklich darf sich der Patient schätzen, dessen Jeans-Hosenbein für drei bis vier Sekunden vom Doktor angefasst wurde, da sich irgendwo darunter ja das Knie befinden könnte.

Eine eingehende körperliche Untersuchung für diese „Diagnose durch die Hose" in Rechnung zu stellen, ist ebenso unverfroren wie parakriminell. Eigentlich reicht die Vokabel „Fremdschämen" für diese Form, Medizin zu betreiben, nicht mehr aus.

Auch die oben beschriebenen wirtschaftlichen Aspekte sind keinerlei Entschuldigung für diese Art der „fachärztlichen" Berufsausübung.

Besonders häufig beklagen sich auch in den Medien immer wieder Patienten über die sogenannten, oft schon vor der eigentlichen Sprechstunde vom Praxispersonal angebotenen Sonderleistungen (*IGEL = Individuelle Gesundheitsleistungen*) auch ihrer orthopädischen Ärzte. Also selbst zu bezahlende, therapeutische oder diagnostische Zusatzofferten.

Diese Form ärztlicher Krämertätigkeit, des IGEL-Marketings, der Lizenz zum Gelddrucken, hat in den letzten Jahren bizarre Formen angenommen. 1,2 Milliarden Umsatz tätigt diese sehr fragwürdige Abzocker-Branche im Jahr. Fragwürdig, weil nahezu alle IGEL-Leistungen ernsthaften wissenschaftlichen Studien nicht stand hielten. Fragwürdig auch, weil eigene Schulungssseminare für Ärzte diese über eine möglichst aggressive Verkaufsförderung solcher Angebote in der Praxis unterrichten!

Wenn angebliche Behandlungs-Erfolge durch ärztlicherseits – natürlich meist von den produzierenden Firmen selbst veranlassten – Studien propagiert wurden, fielen bei näherer Prüfung die Studienergebnisse umso besser aus, je schlechter die Qualität der Studie war. Inzwischen regt sich etwas Widerstand, es existieren Auflistungen in den Medien (z.B. *IGEL-Monitor*), in denen das wenige Sinnvolle und das meist überwiegend Unsinnige unter wissenschaftlichen Gesichtspunkten beleuchtet werden.

Über die hilfreiche und therapieunterstützende Rolle der Akupunktur, über die zweifellos viel Unheil verhütende, rechtzeitig durchgeführte Knochendichtemessung oder über das sinnvolle Angebot einer Stoßwellenbehandlung bei einem Verkalkungsherd an der Schulter muss vom Sachgebiet der orthopädisch ausgerichteten Praxis hier nicht diskutiert werden.

Ob aber Quellgastherapie, Eigenblutbehandlung, orthomolekulare Vitamin- und Mineralienzufuhr, Hochtontherapie und pulsierende oder Biomagnetfeldanwendungen zu einem Fachgebiet passen, in das eigentlich die per Facharztprüfung bescheinigte Kompetenz für Erkrankungen des Bewegungs- und Stützsystems gehört, mutet doch ziemlich absurd an. Hier scheinen wirklich die Grenzen zwischen glaubhafter, realer orthopädischer Medizin und dem marktschreierischen Verkauf von Teppichen auf dem Basar von Tunis sehr eng beieinander zu liegen.

Inwieweit elektronische Fußdruck- und 3D-Wirbelsäulenmessung das diagnostische, klinische und auch medizinisch-technische Vermögen eines gut ausgebildeten Facharztes für Orthopädie sinnvoll ergänzen können, mag in etwas schwierigen Einzelfällen möglich sein. Eine grundlegende Bedeutung für eine bessere, sachgerechte Therapie dürfte dann hinterfragt werden, wenn diese Untersuchungen 20-mal am Tag in einer orthopädischen Praxis angeboten werden.

Ganz sicher jedoch ist im Rahmen dieses Kapitels ein helles Spotlight auf die fast grundsätzlich jedem Arthrose-Patienten oft imperativ aufgedrängte „Knorpelzellaufbautherapie", also Gelenkinjektionen mit Hyaluronsäure, bei einer Arthrose meist der großen Gelenke der unteren Extremitäten notwendig.

Nicht mehr notwendig erscheint die erneute, bereits mehrfach in dieser Schrift erfolgte, wissenschaftliche Betrachtung der Zweckmäßigkeit, der Wirkungsweise und der Erfolgsaussichten dieses Versuches, bereits Zerstörtes dauerhaft wiederherzustellen. Mit provisorischem Mörtel die bröckelnden Ziegelsteine eines Hauses für einen sehr überschaubaren Zeitraum zusammenzukleben, neu anzumalen und die Hütte als restaurierte Villa, als „Knorpelaufbau" zu bezeichnen, erscheint zumindest höchst optimistisch.

Auch wenn man über diese Form der Arthosebehandlung unterschiedlicher fachlicher Ansicht sein kann, über die Art und Weise, sie als Sonderangebot in der Praxis zum Routine- Geschäftsmodell zu machen, kann man nur einer Meinung sein.

Es ist beschämend, was sich Tag für Tag in dieser Hinsicht im Kontakt zwischen dem hilfesuchenden Arthrosepatienten und dem zur Hilfe verpflichteten Orthopäden abspielt. Inzwischen sind es immer mehr Klagen über immer das gleiche Szenario:

Ohne überhaupt einen Blick auf das betroffene und erkrankte Gelenk geworfen, geschweige denn auch nur einen Zeigefinger in dessen Richtung bewegt zu haben, wird, im günstigsten Fall nach einem raschen Blick auf das vorweg gleichfalls ohne jeden Patientenkontakt angefertigte Röntgenbild, bereits die Diagnose gestellt und das Therapieurteil gefällt. Diese „ziemlich schlimme Arthrose" verträgt keine andere Therapie als die nun angebotene „Spritzenkur" mit Hyaluron. Die etwas schreckgeweiteten Augen der Rentnermutti bei der Nennung der Kosten werden ignoriert, weitere Therapieangebote folgen bei Ablehnung dieses Vorschlags nicht mehr. Die Sprechstunde ist meist hier bereits zu Ende.

Drei Möglichkeiten stehen zur Beurteilung dieses ärztlichen Sonderangebotes der örtlichen Hyalurontherapie zur Auswahl:

1. Der Orthopäde glaubt unverrückbar und kompromisslos an die Heilwirkung der Hyaluronsäure bei einer bereits schweren Arthrose und ist durch kein noch so klares, wissenschaftliches Gegenargument in der Fachliteratur von seiner Meinung abzubringen. Wahrlich ein echter Traumtänzer, der seinen Kindern sicherlich auch reichlich Lebertran und täglich Spinat auf den Teller gepackt hat und der das Blättern in der Boulevardpresse dem Lesen von Fachzeitschriften als reine Zeitverschwendung vorzieht.

DIE ALTERNATIVE ARTHROSETHERAPIE

Der Thermo – Sonamat
Die Hochton-Therapie mit Wärmestrahlung und orientalischer Duftnote

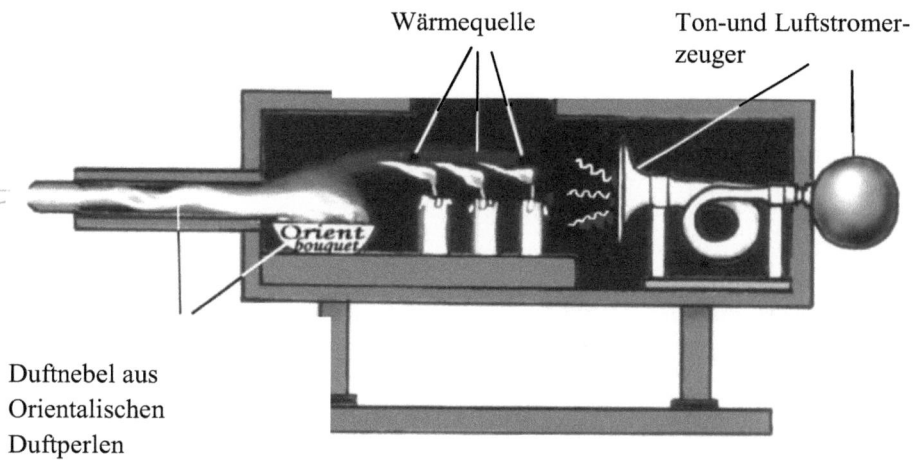

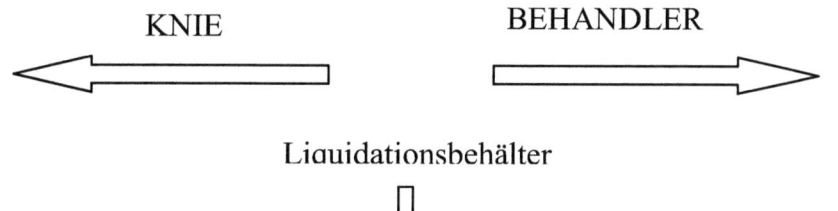

Bei dem reichlichen Angebot äußerst sinnvoller Alternativtherapien (IGEL-Leistungen) mit auch technisch hochwertigen Apparaturen trifft der Arzt hieraus nach bestem Fachwissen die Auswahl ausschließlich zum Wohle des Patienten

Abb. 14

Dies wäre ein Fall zumindest konsequenten, pseudoärztlichen Verhaltens. Diese Überzeugung jedoch an Patienten weiterzugeben, ist eigentlich nicht nur extrem peinlich, sondern einfach fachlich in höchstem Maße fragwürdig

2. Der Orthopäde weiß genau um die Sinnlosigkeit einer derartigen „Behandlung" bei einem bereits arthrotisch völlig verschlissenen und aufgebrauchten Gelenk. Er benutzt ziel- und zweckgerichtet die Vokabeln „Gelenk- und Knorpelaufbau", um seinen vertrauensvoll vor ihm sitzenden Patienten von der Notwendigkeit dieser, wie bekannt, privat zu liquidierenden Aufbaumaßnahme (welcher Aufbau auch immer gemeint sein mag) zu überzeugen. Sicherlich ein extrem seltener, weil mit der Berufsethik überhaupt nicht zu vereinbarender Fall von parakrimineller Abzocke. Im Grunde genommen also bereits von der Interpretation des Hippokrates-Eides her mehr als unerfreulich!

3. Der Facharzt für Orthopädie weiß ebenfalls um die Nutzlosigkeit des direkten Hyaluronsäurekontaktes mit einem zerstörten Gelenkknorpel im Hinblick auf eine völlig fehlende Heilungschance. Er weiß aber auch, dass die Möglichkeit einer deutlichen Beschwerdebesserung für einen mehr oder weniger längeren Zeitraum durchaus bestehen kann und diese immer wieder beschrieben wird. Dem Patienten unter solchen Gesichtspunkten eine offene und ehrliche Auskunft auf dessen Frage nach dem Sinn und Zweck dieser Spritzenkur zu geben, bedeutet natürlich auch das Risiko dessen Ablehnung.

Auch einem sorgfältig körperlich und medizinisch-technisch voruntersuchten Patienten bei der Entdeckung einer erst beginnenden Minimalarthrose zu erklären, dass die Chancen einer Arthroseverlangsamung durch die Lokalzufuhr von Hyaluronsäure in diesem Krankheitsstadium nach aktuellem Forschungsstand möglich sind, wäre als korrekte fachärztliche Betreuung zu werten.

Der Hinweis auf eine, meist vom Praxispersonal rasch erledigte, schriftliche Formalität muss an dieser Stelle noch unbedingt Erwähnung finden.

Dem Patienten wird zur juristischen Absicherung des Injektionstäters vor den Gelenkeingriffen (jede Gelenkinjektion ist ein operativer Eingriff!) ein Merkzettel in die Hand gedrückt. Der sehr kleingedruckte Hinweis auf mögliche, angeblich äußerst seltene, Komplikationen durch die Spritzen bagatellisiert das Risiko in unverantwortlichem Maße. Auch bei sorgfältiger Beachtung der für jede Gelenkinjektion vorgeschriebenen aseptischen Maßnahmen wie steriler Kittel, Mundschutz und sterile Handschuhe sind Gelenkvereiterungen keinesfalls extrem selten.

Vielleicht wäre aber die Ablehnungsquote der Spritzenangebote durch eine mündliche Aufklärung des Doktors deutlich höher!

Möglicherweise war früher doch Einiges besser in der Kommunikation zwischen Patient und niedergelassenem Orthopäden!

Der respektvollere Umgang mit dem Patienten vielleicht. Oder die weniger offene Kommerzorientierung, oder auch die unverhohlen zur Schau getragene Gleichgültigkeit gegenüber dem gesetzlich über die Krankenkassen festgelegten Versorgungsauftrag des Doktors hinsichtlich seiner Pflichten. Die Pflicht zum Beispiel, Leistungen tatsächlich erbracht zu haben, die mit der gesetzlichen Krankenkasse grundsätzlich abgerechnet werden. Die eingehende körperliche Untersuchung etwa (Ziffer 7 GOÄ. z.B. bei den Bewegungs- und Stützorganen.: *„Vollständige Körperliche Untersuchung: Inspektion, Tastuntersuchung und orientierende Funktionsprüfung der Gelenke und der Wirbelsäule einschließlich Prüfung der Reflexe"*) anstatt der „Diagnose durch die Hose" mit einem Finger und der Dauer von fünf Sekunden.

Auch früher gab es schon profitorientierte Ärzte, auch früher wurde schon Abrechnungsbetrug begangen. Aber nicht immer so unverfroren offen und so schamlos unter den Augen der Kostenträger und des Patienten. Und so umfangreich.

Vielleicht würde ein von den Krankenkassen an ihre Patienten verschickter und anonym zu beantwortender Fragebogen über die angeblich stattgefundene – und abgerechnete - oder besser, meist nicht stattgefundene und trotzdem abgerechnete - körperliche Untersuchung in der ärztlichen Sprechstunde diese berufsunwürdige Unsitte beenden…und außerdem einige Millionen Euro Kassenvergütungen einsparen. Vergütungen für nie erbrachte ärztliche Handlungen. Möglicherweise könnten diese Beträge denen zugutekommen, denen der Medizinische Dienst dringend notwendige Hilfsmittel und Heilmaßnahmen verweigert. Den Rentnern etwa, oder den Arbeitslosen, oder den chronisch Kranken….

7.5 Die Kranke Kasse

Weit vor der jetzigen Zeit, also damals, als wir unsere intimsten Krankheitsdaten noch nicht über die elektronischen Datenverschickung der Arztpraxen und Kliniken, sondern über richtige, verschlossene Arztbriefe aus Papier der Krankenkasse keinesfalls automatisch zur Verfügung stellen mussten, wusste auch unsere Nachbarin, Frau Maier, die bei der AOK arbeitet, noch deutlich weniger über die Krankheiten in unserer Familie als heute.

Ganz früher haben wir auch noch geglaubt, unsere Krankenkasse würde mit unseren Beiträgen so sorgfältig umgehen, dass wir vor dem Alter und seinen Wehwehchen keine zu große Angst haben mussten. Keine Angst davor, die notwendigen neuen Zähne, die Brille und das Hörgerät von dem bisschen eurominimierter Rente bezahlen zu müssen. Keine Sorge darum, dass unsere im harten Arbeitsleben reichlich bezahlten Krankenkassenbeiträge für tausendfach unnötige Endoprothesenoperationen, für täglich tonnenweise als „Naturheilmittel" aus den Apotheken abgegebenes, wirkungslos den Grimm- und Krummdarm passierendes, pulverisiertes Grünzeug und auch nicht für Yoga-, Bauchtanzkurse und Anleitungen zur Partnermassage von den Krankenkassen zum Fenster hinausgeworfen wurden und werden.

Was würde das an der Armutsgrenze lebende Mütterchen heute dafür geben, wenn von den Milliarden D-Mark, die mit Hilfe von hausärztlichen Gefälligkeitsattesten (wegen „psychischer Erschöpfung" des Antragstellers bei zermürbendem Schreibtischschlaf) durch Millionen erholungssuchender „Kurlauber" in Abano Therme und Monte Grotto verprasst wurden, wenigstens ein paar Euro für eine sinnvolle Behandlung ihres kranken Kniegelenkes übrig geblieben wären!

Der bei Rentnern häufigen Ablehnung stationärer Rehabehandlungen kranker Gelenke sollte der Patient im Hinblick auf die permanente wirtschaftliche Notsituation seiner Kasse vollstes Verständnis entgegenbringen

Die Bigotterie und vollmundige Heuchelei, mit der die Krankenkasse heute dem Patienten suggeriert, sie bezahle „alles, was der Arzt verordnet", ist kaum mehr zu überbieten.

Die gleiche Krankenkasse, die dem Arzt Prämien dafür anbietet, wenn er weniger verordnet, die genau weiß, dass der niedergelassene Arzt in seiner Budgetierung und Verordnungsknebelung überhaupt nicht verschreiben kann, was dem schmerzenden Gelenk wenigstens symptomatisch helfen, die Beschwerden lindern würde, wirbt wiederum mit Millionen Euro Werbekosten um junge, neue Krankenkassenmitglieder – die natürlich viel weniger kosten als alte -.

Der neue Slogan „Wir belohnen Ihre Eigeninitiative", steht für den, logischerweise auch vom niedergelassenen Doktor aus den bereits erwähnten Gründen, unterstützten, Rückzug der Kostenträger aus der Verpflichtung, durch Leistung zu helfen. Anders ausgedrückt: „Sieh zu, wie Du alleine zurechtkommst. Die Zeiten, in denen wir beispielsweise eine intensive physikalische Lokalbehandlung Deines Kniegelenkes, also eine konservative Therapie, bezahlt haben, sind schon lange vorbei. Wir bezahlen lieber Millionen überflüssige Arthroskopien, noch lange nicht notwendige Hüft- und Knieendoprothesen, Knorpelzelltransplantationen bei Fußballprofi-Knien und das nutzlose Abkratzen von defekten Gelenkflächen".

Der Götze, um den tausende profilierungssüchtige medizinische Technokraten im weißen Kittel herumtanzen, heißt heute „Operativtherapie". Welch eine kurzsichtige und extrem teure Schieflage unseres Gesundheitssystems! Selbst die Medien berichten bereits darüber, dass wir Deutschen Weltmeister in der Zahl der operativen Gelenkbehandlungen, der Arthroskopien und vor allem der Endoprothesen sind!

Deutschland ist in Europa Spitzenreiter für Endoprothesenoperationen. Möglicherweise sind erbgenetische Faktoren nur in unserem Land besonders häufig für böse Arthrosen verantwortlich ....

Selbstverständlich nur darum, weil in unseren Landen die Arthrosen von Hüft- und Kniegelenken viel häufiger anzutreffen sind als bei unseren europäischen Nachbarn. An den Grenzen unseres Landes nach Norden, Süden Westen und Osten nehmen diese Krankheitszahlen dann schlagartig wieder ab. Sowas Merkwürdiges aber auch!

Wer wird denn wohl auf die Idee kommen, diese Zahlen könnten etwas mit Kommerz zu tun haben?

Wenn wir bei dem Beispiel vom Rentnermuttchen bleiben, das also keine Chance auf eine ausreichende ambulante Therapie ihres Kniegelenkes hat – denn der Doktor erzählt ihr von „Budgetierung" und „Regress", was sie aber gar nicht versteht - , kommen wir nun auf die Idee, eine stationäre Rehabilitation würde bei dem armen Muttchen vielleicht ein paar Monate Schmerzfreiheit bewirken können.

Hausärztliche Traumtänzer versuchen manchmal diesen Weg. Dieser Weg endet aber rasch. Er reicht gerade bis zum Schreibtisch der halbgöttlichen Institution des Medizinischen Dienstes. Früher hieß dieses krankenkassenhörige Überwachungsgremium „Vertrauensarzt". Sicherlich ein sehr sinnvoller Name, denn die Krankenkasse „vertraut" den Entscheidungen dieser Einrichtung blind. Zu Recht. „Wes Brot ich ess`, des Lied ich sing", sagt der Volksmund sehr wahrheitsgemäß.

Denn der Negativbescheid, der den traumtänzerischen Hausarzt als Antwort auf seinen Antrag zur stationären Rehabilitation von Rentnermuttchens Knie erreicht, geht auf das Konto des Medizinischen Dienstes der Krankenkasse. Ablehnungsbegründung: Die ambulante Behandlung reiche für dieses Krankheitsbild völlig aus.

So sitzt Muttchen nach erneuter Termin-Wartezeit von 8 Wochen wieder, diesmal in Erwartung einer „ausreichenden Ambulanttherapie", vor dem Schreibtisch ihres Orthopäden, der ihr das Wort „Budgetierung" abermals zu erklären versucht – was Muttchen immer noch nicht versteht.

Jetzt macht der Doktor den Vorschlag einer Knieendoprothese ….obwohl das Knie eigentlich noch gar nicht operationsreif ist.

Bis zur Operation soll sie ihr Knie zuhause fleißig einreiben. Mit der Mini-Salbenprobetube aus des Doktors Musterschränkchen. Tubengröße: 20g. Oder aber sich für eine „Knorpelaufbaubehandlung" entscheiden. Kostet natürlich etwas Geld. 560,00 € für 6 Spritzen. Hat Mutti leider nicht. Bei 975,00€ Rente im Monat!

Tja, dann kann man eben nichts machen. Dann soll sie eben schwimmen gehen, oder viel laufen, oder beides. Also „Eigeninitiative" zeigen, so wie die Kasse fordert.

Ein wirklich tolles System, unser Gesundheitssystem!

Vielleicht gibt es sie doch, irgendwann, irgendwo, die gerechte Strafe für die Übeltäter, die als Ausführende oder Veranlasser aus reiner Profitgier für unnötige Endoprothesenoperationen verantwortlich waren.

8. Rat und Tat – Die Hilfe zur Selbsthilfe

Eigeninitiative heißt das Zauberwort der Krankenkasse heute. Es ist die andere Vokabel, die Alibiumschreibung für die Worte „Leistungskürzung" und „Leistungsverweigerung", die Umgehung des gesetzlichen Versorgungsauftrages durch die Hintertür.

Die gleiche Kasse, die vor wenigen Jahren noch Unsummen für den kostenlosen und unnötigen Kurlaub von Millionen Krankenkassenmitgliedern bezahlte und ihren Versicherten gleichfalls kostenfreie Wellness-Angebote ohne jeden kurativen oder auch präventiven Nutzen machte, verweist heute unter dem Motto „Hilf dir selbst, so hilft dir Gott" ihre kranken Mitglieder auf Selbsthilfe und Heimatinitiative.

Da sitzt er nun zu Hause, von seiner Kasse verlassen, der arme Arthrosepatient. In einem der besten Sozialsysteme dieser Welt, und das Knie schmerzt. Der Doktor hatte nach dem schönen Röntgenportrait des Kniegelenkes außer dem Angebot seiner in ihrer Heilwirkung höchst zweifelhaften, teuren Wunderspritzen auch nur Schulterzucken und ein Alibi-Muster-Sälbchen parat. Der Heilpraktiker von nebenan hat bislang mit seinem Wurzelsud aus Sauerampfer und Löwenzahn lediglich eine Dünndarmrevolution ausgelöst und auch die Fußzonenreflexmassage der Großzehe durch den Naturheilkundefreak-Masseur hat zwar wunschgemäß die Hypophyse im Gehirn angeregt, aber den Knieschmerz nicht sonderlich beeindruckt.

Ganz weit vorn in der nun folgenden Liste aller nützlichen Ratschläge steht zunächst einmal der Rat einer unmittelbaren skeptischen Gelassenheit gegenüber allen möglichen Diagnose-Dramatisierungen von hippokratisch berufener und schon gar nicht von pseudofachlicher Seite. Es gibt vorerst überhaupt keinen Grund zur Panik! Niemand kann vorhersagen, wie sich Ihre gerade erst im Anfangsstadium röntgenologisch nachweisbare Hüft- oder Kniegelenksarthrose in den nächsten zehn oder gar zwanzig Jahren entwickeln und verhalten wird.

Schauen Sie sich Ihren 70-jährigen Nachbarn an, der seit 10 Jahren von seiner Hüftarthrose weiß und noch unbeirrt Seniorentennis spielt. Oder Ihre 65-jährige Nachbarin, die vor 8 Jahren schon unbedingt ein neues Knie haben sollte und immer noch mit nur geringen Problemen in ihrem Garten herum werkelt. Kniend, wohlgemerkt. Extrem seltene Ausnahmen sind das nicht.

Auch wenn Sie kein Tennisfreak sind oder keinen Garten haben, lassen Sie sich nicht von augurischen Katastrophisierungen verunsichern. Auch nicht von Ihrem sicher wohlmeinenden Orthopäden, der Sie – allerdings nicht immer völlig selbstlos – zu „Knorpelaufbau" oder neuem Knie im heimatlichen Krankenhaus überreden will, …. in dem er natürlich Belegbetten hat!

Was immer Sie auch von den nachfolgenden Ratschlägen für Ihre „Eigeninitiative" beherzigen, verlieren Sie dabei nie das wichtigste Ziel aus den Augen, das über allen Maßnahmen steht: Erreichen Sie am Ende die Fähigkeit für Ihr nicht mehr ganz intaktes Gelenk, sich entweder wieder oder immer noch bewegen zu können. Ein Gelenk lebt nur von der Bewegung! Für die unteren Extremitäten, also unsere Beine, ist hiermit vor allem das Gehen gemeint.

Zunächst einmal muss unterschieden werden zwischen drei Erkrankungsvarianten:

Einer „stummen" Arthrose, also einer Gelenkveränderung, die im Röntgenbild zufällig entdeckt wurde und die bislang keinerlei Beschwerden verursachte.

Einer chronischen, mehr oder weniger schnell fortschreitenden Arthrosekrankheit mit nur zeitweiligen Problemen.

Zum Dritten einem schmerzhaften, meist kurzfristig auftretendem Ereignis, der „aktivierten Arthrose".

Es handelt sich bei Letzterem, wie im Kapitel 6.3 beschrieben, um einen schmerzhaften Reizzustand der entzündeten Gelenkweichteile, vor allem der Gelenkinnenhaut, verbunden mit Rötung, Überwärmung und Schwellung des Gelenkes auch durch einen Gelenkerguss, also durch die Vermehrung der Gelenkflüssigkeit. Dieses Ereignis ist meist die erstmalige Protestantwort auf eine kurzfristige Überbeanspruchung eines nicht mehr ganz gesunden Gelenkes, ist in der Beschwerdedauer überschaubar, kann aber auch nach längeren schmerzfreien Intervallen wiederholt bei einem chronischen Arthroseschaden auftreten.

Sich für die „Behandlung" einer zufällig entdeckten, bislang völlig symptomlos gebliebenen, leichteren „Röntgenbild-Arthrose" beispielsweise des Kniegelenkes zu entscheiden, ist wohl eher eine Frage des Gesundheitsgewissens oder von Zukunftspessimismus. Zumal dann, wenn die Arthrose gerade mal vierzig oder fünfzig Lebensjahre zählt.

Wie bereits erwähnt, niemand kann sicher vorhersagen, ob diese Gelenkveränderung fortschreiten wird oder ob man mit achtzig Jahren immer noch problemlos und ohne „Knorpelaufbauspritzen" damit Golf spielen kann.

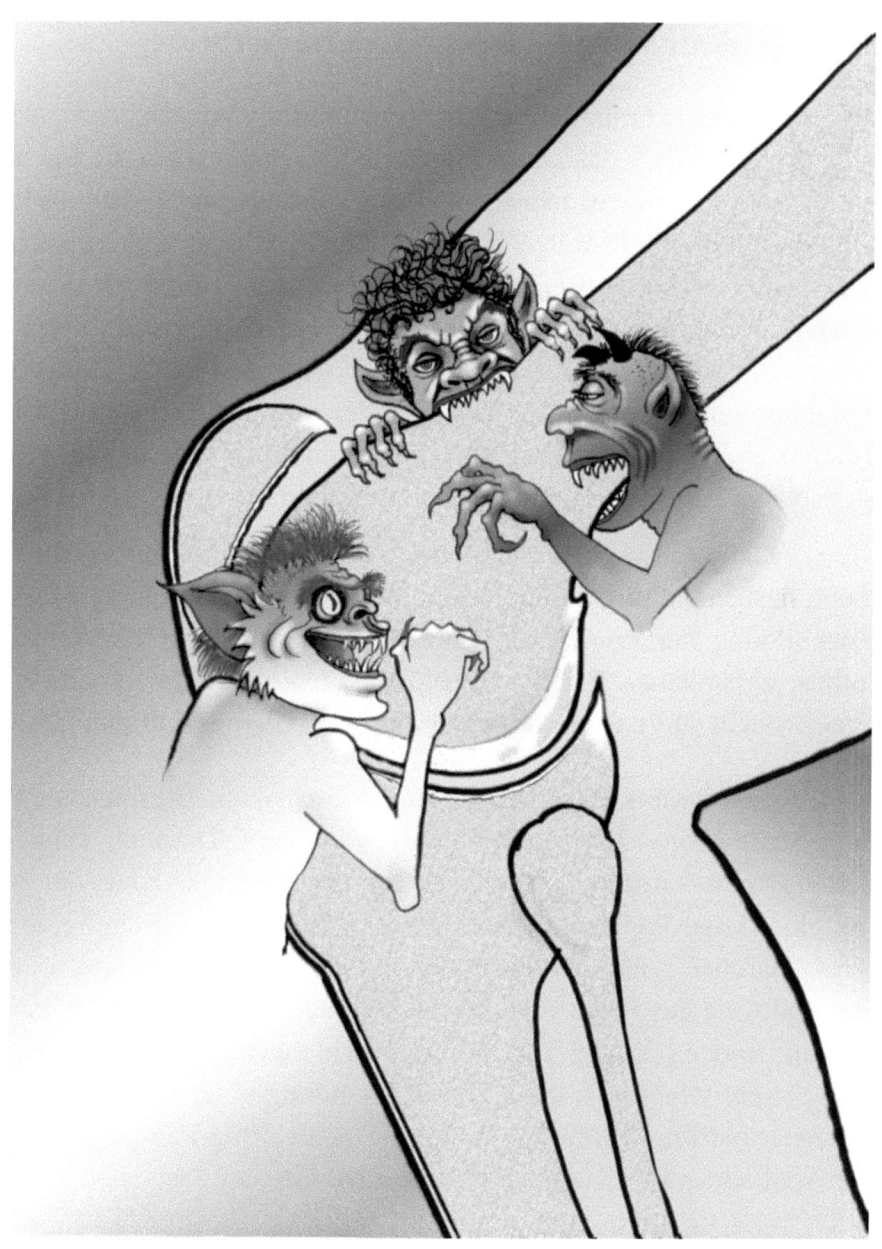

Gelenk-Gremlins - Die aktivierte Arthrose

8.1 Das akute Gelenk - Die „aktivierte Arthrose"

Von der Dringlichkeit her dürfte der Wunsch, die „aktivierte Arthrose", das akut schmerzende Gelenk, so rasch wie möglich zu beruhigen, naturgemäß die vorrangigste Bedeutung bei den folgenden Selbsthilfe-Ratschlägen haben. Die Chancen, diesen sehr hässlichen, schmerzhaften Reizzustand des Gelenkes erfolgreich selbst zu behandeln, stehen hierbei nicht schlecht. Theoretisch wäre in dieser Situation zwar ärztliche Hilfe in Form einer antientzündlichen (Cortison-) Gelenkinjektion sehr hilfreich. Da aber der von der Praxisanmeldung am Telefon angebotene nächste Sprechstundentermin erst in sechs Wochen zu haben ist, muss es auch ohne Doktor gehen.

• Der Feind jeder Entzündung ist die Kälte. Somit ist die örtliche Kühlungsbehandlung des Gelenkes die wichtigste Voraussetzung für die Rückbildung der komplexen Entzündungszeichen. In Plastikbeutel gefülltes, zerstoßenes Eis, Fertigkühlpackungen aus der Apotheke, kalte Quarkwickel, kalte Heilerde oder Lehm sind hierbei sehr nützlich.

• Besonders erfolgreich können auch, zum Beispiel am Kniegelenk, sogenannte *Okklusiv-Salbenverbände* sein. Darunter versteht man den messerrückenstarken Salbenauftrag um das ganze Knie, der zunächst mit einer Lage Papiertaschentücher oder Zellstoff vollständig abgedeckt wird. Darüber wird nun ebenfalls um das gesamte Gelenk eine Lage Haushaltfolie gewickelt und abschließend alles mit einer oder zwei elastischen Binden (12 oder 15cm Breite) nicht zu stramm fixiert.

Sehr wichtig ist dabei die Verwendung einer vorgekühlten Salbe. Geeignet hierfür ist *Enelbin-Paste*, die es als 300g-Packung rezeptfrei in der Apotheke gibt. Leider auch nicht umsonst.

Besonders für die Nacht ist diese örtliche Entzündungstherapie sehr wirksam und sollte für mehrere Nächte wiederholt werden. Natürlich kann man diese Salbenverbände auch tagsüber anwenden. Für das Hüftgelenk sind solche Lokalmaßnahmen deutlich schwieriger zu gestalten. Die örtliche Salbenpackung hätte hier auch nicht die Wirksamkeit wie am Knie, da sich das Hüftgelenk sehr viel tiefer unter der Muskulatur im seitlichen Becken versteckt.

• Der Kampf gegen die quälenden Gremlins im Gelenk sollte möglichst auch von innen unterstützt werden. Gemeint sind damit nicht nur Medikamente gegen den Gelenkschmerz, sondern auch Mittel zur Bekämpfung der eigentlichen Entzündungssymptome (Schwellungen und Flüssigkeitsproduktion der Gelenkweichteile und der Gelenkinnenhaut, freigesetzte Entzündungsstoffe).

Ob Sie nun hierzu die Mischung aus Kreuzkümmel, Koreander und Muskat, Kokablätter oder auch die Teufelskralle als Alternative zu einem bewährten Antirheumatikum aus der Apotheke benutzen wollen, ist eine Grundsatzentscheidung, die Sie treffen müssen, wenn die Gelenkschmerzen Sie auch nach dem Genuss einiger Kilos der „Natur pur" noch unverändert quälen

• Vom Zahnarzt über den Gynäkologen bis zum Hautarzt nach operativer Warzenentfernung verschreibt heute nahezu jeder Doktor ein „Nichtsteroidales Antirheumatikum" (NSAR) als schmerzstillend, abschwellend und antientzündlich wirkendes, effektives Medikament. Mit der nötigen Rücksicht gegenüber einem damit nicht immer einverstandenen Magen und einer vernünftigen Begrenzung der zugeführten täglichen Dosis existiert damit ein konkurrenzlos wirkendes Mittel besonders bei der „aktivierten Arthrose". 20 bis 30 Minuten vor der Einnahme des Medikamentes *Ibuprofen* kann ein halbes Glas Milch vorsorglich die Magenschleimhaut schützen, die Einmal-Dosis sollte möglichst 600mg dreimal täglich nicht überschreiten.

Dieses Medikament ist als Ibuprofen 400 frei verkäuflich (Ibuprofen 600 ist rezeptpflichtig!) Die 600mg lassen sich auch mit einer ganzen und einer halbierten 400mg -Tablette erreichen.

Noch einmal sei es erwähnt, dieses Mittel sollte keinesfalls wochenlang konsumiert werden, es sind keine harmlosen Smarties!

• Niemand wird bei einer Schnittwunde über einem Fingergelenk den Finger ununterbrochen und häufig krumm machen. Auch das entzündete Gelenk ist eine Art Wunde, die dringend zur raschen Abheilung eines braucht, nämlich Ruhe. Somit muss zunächst konsequent das Gegenteil von dem geschehen, was wir letztendlich anstreben. Das Gelenk muss aus dem Verkehr gezogen, es muss strikt ruhig gestellt werden. Wer in diesem Krankheitsstadium seines Hüft- oder Kniegelenkes glaubt, mit dem Schlachtruf: "Gelobt sei, was hart macht!" oder „Nur die Harten komm`n in`n Garten!" seinen Teppichboden und seine Terassenplatten jetzt neu verlegen zu müssen, darf alle vorhergehenden und nachfolgenden Ratschläge getrost vergessen.

• Die gebräuchlichste Art, ein Gelenk in seiner Funktion deutlich einzuschränken, ist die Bandagierung, die Benutzung elastischer Binden oder, vor allem am Kniegelenk, gummielastischer Bandagen, also einer Kniestütze. 12 bis 15cm breit sollten die Binden sein und möglichst nicht längs- sondern nur querelastisch, da die längselastische Binde gerne „nachzieht", das heißt, zu schnell zu straff angezogen wird. Die Kniestütze aus elastischem Material wurde früher einmal ärztlich verordnet, heute muss der Patient die Kniekappe selbst bezahlen. Die Binden natürlich auch. Beide Methoden haben, vor allem bei weiblichen Patienten mit Krampfaderbildungen, das Risiko der Strangulation bei zu straffem Anlegen mit einer drohenden, venösen Rückflußstörung aus Fuß und Unterschenkel, einem *Stauungsödem*. Ein mittelstarker Unterschenkelstützstrumpf als Konfektionsware aus dem Strumpfgeschäft kann als Begleittherapie und Vorsorge hierbei sehr empfohlen werden.

Erheblich schwieriger als am Knie gestaltet sich der Versuch einer Teilruhigstellung des Gelenkes an der Hüfte. Wenn irgend möglich, sollte man sich das Anlegen der elastischen Binden (15cm) von einer Fachkraft zeigen lassen.

Auch wenn die beschriebene Teilimmobilisation eine wichtige Voraussetzung für den Erfolg aller oben aufgelisteten, sonstigen Behandlungen darstellt, sollten Sie keinesfalls der Versuchung erliegen, diese Hilfsmittel zu lange zu benutzen, das Gelenk zu lange zu schonen! Wenn Sie sitzen oder liegen, brauchen Sie keine Gelenkruhigstellung. 6 bis 8 Tage der Ruhigstellung sollten in den meisten Fällen für einen Behandlungserfolg ausreichend sein.

• Die sehr sinnvolle Ergänzung der bislang geschilderten Möglichkeiten in der häuslichen Eigentherapie eines schimpfenden Kniegelenkes ist auch die *Pendel- oder Extensionsbehandlung*. Eine auch kurzfristige Erweiterung des Gelenkinnenraumes verbessert den augenblicklich durch den entzündlichen Reiz gestörten Stoffwechsel vor allem im Kniegelenk mit der Zufuhr von Nährstoffen und dem Abtransport schädlicher, durch die Entzündung entstandener Produkte. Zu diesem Zweck erklimmen Sie unter Mithilfe eines Fußschemels und des treuen Lebenspartners den Küchentisch, setzen sich auf diesen, den letzteren natürlich, und lassen von der Tischkante Fuß und Unterschenkel herunterbaumeln.

Das Eigengewicht des hängenden Beinteiles bewirkt die Gelenkspalterweiterung im Knie mit den oben beschriebenen, positiven Folgen. Zweimal am Tag für eine halbe Stunde etwa. Dabei kann man auch in den Fernseher gucken!

• Für die anfangs noch kurzen Strecken, die Sie mit Ihrem kaum noch schmerzenden - und hoffentlich dabei gut bandagierten - Gelenk unbedingt laufen müssen, sollten Sie eine, besser noch zwei Gehhilfen (Unterarmgehstützen) benutzen. Irgendjemand der lieben Nachbarn oder in der Verwandtschaft hat sicher noch welche im Keller aufgehoben.

Einen Gehstock alleine sollten Sie immer auf der Gegenseite des erkrankten Gelenkes benutzen! Für ein wenig eitle Damen noch ein Tipp: Ein Gehstock macht etwas alt, Unterarmstützen sehen hingegen krank (und viel interessanter) aus und machen neugierig. Die Nachbarin etwa.

- Die nächste Hürde, die nun auf Sie wartet, ist der Entschluss, sich, bzw. das erkrankte Gelenk wieder zu bewegen. Natürlich ist die Angst davor, dass der Schmerz wieder zurückkommen und alles wieder von vorne beginnen könnte, völlig verständlich und ist erst einmal zu überwinden. Im wahrsten Sinne des Wortes muss jetzt „Schritt für Schritt" die Ernährungssituation im Gelenk wieder normalisiert, der Stoffwechsel wieder in Gang gebracht werden. Jeder Tag einer überflüssigen Ruhigstellung des Gelenkes ist ein verlorener Tag.

Berechtigt ist die Sorge um erneute Beschwerden allerdings, wenn der schon lange gebuchte Kletterurlaub in den Tiroler Bergen oder auf den Pico de Teide Teneriffas, vielleicht sogar der Mountainbikeurlaub im australischen Outback unbedingt durchgezogen werden müssen, der bezahlte Tanzkurs abgeleistet und die Garagenzufahrt nun endlich in Eigenregie neu gepflastert werden soll.

Vergessen Sie das alles! Das wäre Leichtsinn pur und ist keineswegs mit vorsichtiger Belastungssteigerung eines noch hochempfindlichen Gelenkes gemeint.

Am besten beginnen Sie mit Spaziergängen auf möglichst flachen Naturwegen und nicht auf dem harten Pflaster der Einkaufspassage. Geeignetes Schuhwerk (z.B. Sportschuhe) ist hierbei dringend erforderlich. Zeiträume von anfänglich 20 bis 30 Minuten pro Spaziergang sollten im Verlauf von 10 bis 14 Tagen auf 1-2 Stunden gesteigert werden. Höchst sinnvoll wäre nun eine krankengymnastische, gleichfalls in der Intensität zunehmende muskuläre Aufbautherapie der knieführenden Muskel-Band-Strukturen. Vielleicht hat der Hausarzt einen großzügigen Tag und verordnet Ihnen wenigstens 3-mal davon.

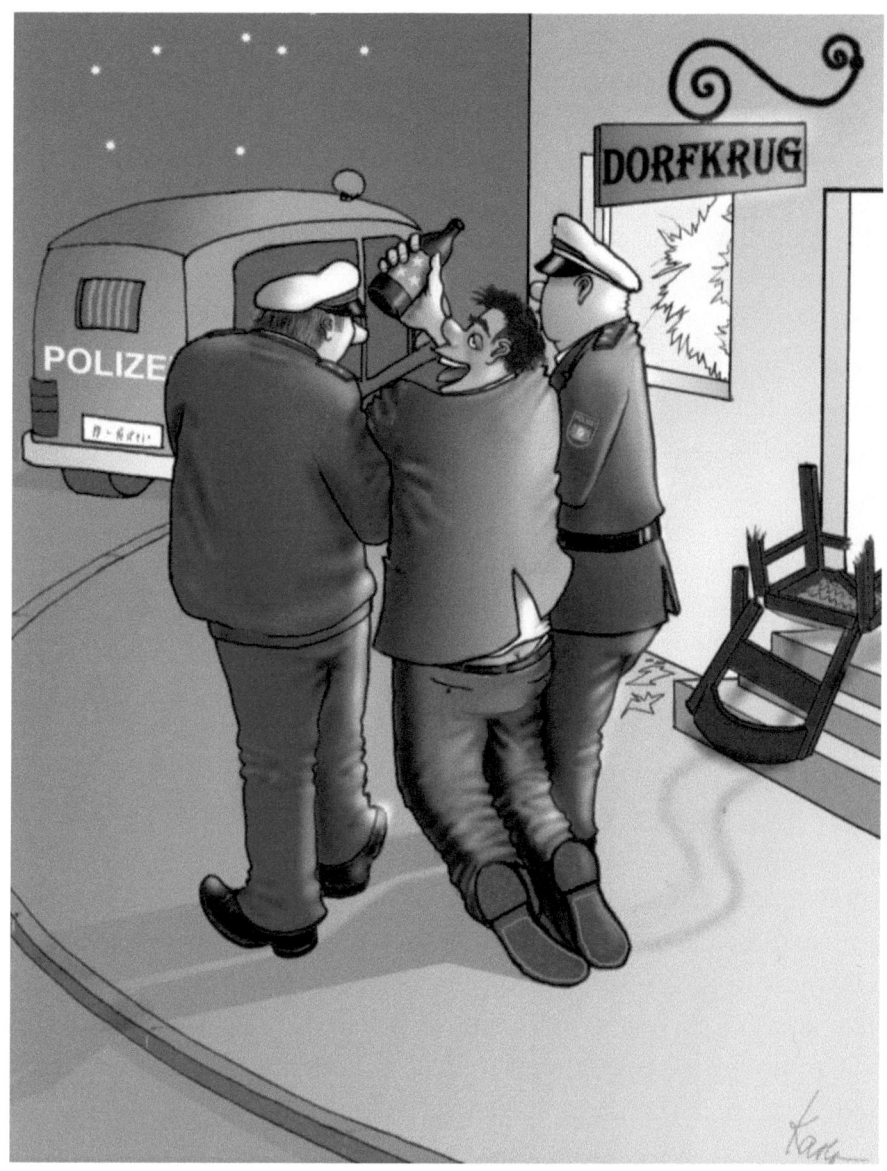

Wenn vorübergehende Gehbehinderungen dafür sorgen, dass unsere unteren Extremitäten eine kurzfristige Entlastung und Unterstützung brauchen, sind ein- oder beidseitige Gehhilfen sehr zu empfehlen.

Die 3 sollen keine ausreichende Behandlung sein, sondern eine Anleitung für Sie, zu Hause das Erlernte fortzuführen. Also im Sinne der Krankenkasse, wie gewünscht „eigenverantwortlich"!

• Wenn Sie bis hierhergekommen sind und alle vorherigen Tipps haben dazu geführt, dass Sie sich mit Ihrem Hüft- oder Kniegelenk nun fit genug fühlen, um in der Dreikampfdisziplin an der nächsten Olympiade teilzunehmen, steht Ihnen jetzt das Schlimmste noch bevor. Der Kampf nämlich gegen unser kleines, ureigenstes Haustier mit dem Hundeschnäuzchen vorne und dem Ringelschwänzchen hinten, das Ihnen sagt, dass Sie sich nun genug angestrengt hätten und ja eigentlich wieder ziemlich gesund wären. Ein fataler und falscher Rat unseres inneren Schweinehündchens.

• Denn jetzt sind Sie gerade da angekommen, wo die eigentliche Arbeit beginnt, wo Sie das eben erst Erreichte und noch ziemlich Labile in einen dauerhaften und stabilen Zustand bringen können. Die Voraussetzungen, auch zukünftig ein schmerzfreies und den anatomischen Gegebenheiten entsprechend leistungsfähiges Gelenk zu haben, sind nun ideal. „Anatomische Gegebenheiten" heißt, die grauen Härchen in Ihrem Gelenk sind natürlich nicht verschwunden. Die Chance, nach einer durchtanzten Nacht oder nach 50qm verlegtem Teppichboden wieder das schmerzhafte Protestgeschrei Ihres über seine Möglichkeiten hinaus beanspruchten Knie- oder Hüftgelenkes genießen zu dürfen, ist nicht gänzlich vom Tisch. Aber Sie haben es in der Hand, wenigstens die halbe Nacht beschwerdefrei tanzen zu können und wenigstens 20qm Teppichboden auf einmal problemlos zu verlegen.

• Nun starten Sie mit dem Programm, das als eigentlich ursächliche Therapie Ihres schwächelndes Gelenkes zu verstehen ist. Sie können diesen augenblicklich schmerzfreien Körperteil in seiner Leistungs- und Funktionsfähigkeit mit der entsprechenden Konsequenz und Geduld erheblich verbessern. Sie wissen ja inzwischen, ein Gelenk lebt oder stirbt mit seiner Beweglichkeit.

Versuchen Sie nun, einige Dinge in Ihren Alltag einzubauen, die irgendwann wie Zähneputzen und Tagesschau zu regelmäßigen Selbstverständlichkeiten werden könnten.

• Gehen Sie jeden Tag wenigstens eine halbe Stunde. Egal, ob mit oder ohne kastrierte Skistöcke (Nordic Walking Stöcke), möglichst nicht auf Asphalt, möglichst mit vernünftigem Schuhwerk (Ideal wären Sportschuhe mit *Luftpolstersohlen*). Hohe Absätze sind sowieso und grundsätzlich Gift für Ihre Knie. Auch ein vierbeiniger Gassifreund wäre hierbei sehr nützlich. Kein Turboexemplar, eher etwas Dackelähnliches.

• Dreimal in der Woche sollten Sie die von der Krankengymnastin erlernten Übungen für jeweils eine halbe Stunde zu Hause praktizieren. Eine Iso-Matte auf dem heimatlichen Laminat ist hierbei praktisch und motiviert außerdem ungemein. Vielleicht auch noch der Sportdress mit den drei weißen Streifen.

• Wenn Sie es einrichten können, wäre ein Schwimmbadbesuch einmal wöchentlich von sehr großem Nutzen für Ihre trainingshungrigen Gelenke an Arm (z.B. Schulter) oder Bein. Haben Sie irgendwann einmal gelernt, auf dem Rücken zu schwimmen, ohne einen Teil des Schwimmbades dabei auszuschlürfen, können Sie das nun als Wohltat für Ihre Gelenke praktizieren. Auch Ihr Rücken wird Ihnen diese Schwimmposition danken.

• Sollten Sie ausreichend Wohn- oder gar einen Hobby-Kellerraum zur Verfügung haben, wäre auch ein einfaches *Standfahrrad* eine wunderbare Ergänzung der bisher aufgeführten Aktivtherapie. Täglich zehn Minuten strampeln würden völlig ausreichen. Wo die Gelegenheit besteht, ist natürlich das Fahrradfahren außer Haus auf Strecken mit mäßigen Geländesteigungen als Frischluft-Alternative zum Standfahrrad noch zusätzlich lungenfreundlich

- Vermeiden Sie längere, eventuell sogar mehrstündige Knie- oder Hockstellungen. Wenn irgend möglich, versuchen Sie auch bei Zug- oder Flugreisen einen Platz zu buchen, der die übliche Embryonal-Kniebeuge-Sitzhaltung vermeidet, oder zumindest die Chance bietet, die Beine häufiger ausstrecken zu können.

- Haben die grauen Härchen in Ihrem Knie- oder Hüftgelenk noch keine sichtbaren Geschwister an Ihren Schläfen, sind Sie also noch in einem Alter, in dem Sport für Sie ein unverzichtbares Stück Lebensqualität bedeutet, versuchen Sie bitte, einigen Sportarten aus dem Weg zu gehen, die der Gelenkfachmann als *"Risikosportarten"* bezeichnet.

- Dass jede Form eines Kampfsportes sowie alle Ballsportarten, auch das Badminton, Squash oder (Tisch-)Tennisspielen, ein Verdreh-, Quetsch- und Stauchungsrisiko besonders für die Gelenke der unteren Extremitäten darstellen, muss nicht besonders betont werden. Hier ist vor allem die Kombinationssportart aus Rugby, Karate, Wrestling, Kickboxen und Suomi-Ringen, also Fußball gemeint, wo jede Sekunde eine Katastrophe beispielsweise für ein Kniegelenk und seinen Inhalt darstellen kann.

- Sich schneller als unsere Gehwerkzeuge es erlauben, zu bewegen, ist ohne weiteres auch auf Brettern möglich. Solchen, die rutschen, die gleiten oder rollen. Gleichgültig, ob auf dem Wasser, auf Schnee oder auf kugelgelagerten Rädern, als hüft-, und kniefreundlich ist keine dieser Sportarten einzuordnen. Auch wenn nun einige Golf-Fans murren, beinfreundlich ist dieser Sport höchstens, was das Wandern und lange Ballsuchen auf den weiten Rasenflächen und im Gebüsch angeht. Keineswegs jedoch, was das Verdrehen des Oberkörpers beim Abschlag des Balles mit den im Golfrasen vorrübergehend fest eingemauerten Füßen betrifft.

Als *gelenkfreundlich* besonders für die großen Gelenke der Beine hingegen können Joggen, Wandern, Skilanglauf, Fahrradfahren Schwimmen (Rückenschwimmen), Reiten und Segeln/Windsurfen gelten, wenn sie nicht extrem übertrieben werden.

Es gibt Menschen, die Schach und Skat unter den Begriff „Sport" einreihen. Nun, wenn man bei letzterem das hierbei begleitend und häufig notwendige Anheben des (vollen) Einliter-Bierkruges (eine „Maß") als Gewichthebeübung ansieht, mag man das als sportliche Übung für die Gelenke und Muskeln des Armes gelten lassen. Gelenkschonend für Hüfte und Knie sind diese beiden Sportarten allemal!

Ärztliche Ratschläge für den Alltag zu befolgen, ist sehr sinnvoll. Manchmal kann jedoch deren praktische Umsetzung von den hausärztlichen Vorstellungen etwas abweichen…

8.2 Der Quälgeist - Die chronische Arthrose

Bislang war die Rede von dem zeitlich begrenzten, dem kurzfristigen Ereignis eines Gelenkprotestes, galten die bisherigen Ratschläge einer entzündlichen, oft heftigen Reaktion eines Gelenkes aus unterschiedlichen, meist mechanischen Ursachen, der aktivierten Arthrose. Die Chancen für den Erfolg einer Selbstbehandlung sind hierbei, wie oben ausgeführt, gut, die Aussichten auf eine längere Beschwerdefreiheit unter Berücksichtigung weiterer eigener Vorsichts- und Trainingsmaßnahmen ebenfalls.

Ungünstigerweise gehören Sie nun aber zu den Arthrosepatienten, die weder ein nur vorrübergehend akutes, noch ein Gelenk mit längeren beschwerdefreien Phasen haben. Sie können weder mit der örtlichen Kälteanwendung noch mit der empfohlenen Mobilisierung und Bewegungstherapie etwas anfangen. Ihr Hüft- oder Kniegelenk schmerzt eigentlich ununterbrochen, die beschwerdearmen Intervalle werden immer kürzer.

Der Versuch, bei Ihnen mit einer häuslichen „Eigeninitiative" einen grundsätzlichen Behandlungserfolg zu erzielen, ist nicht sehr aussichtsreich. Die Intensität und Frequenz einer ärztlich verordneten, ambulanten physikalischen Therapie, die Sie nun nötig hätten, ist zum Einen ambulant kaum zu erreichen, zum Anderen ist die Hoffnung auf eine derartige ärztliche Verordnung heute eine Fata Morgana. Sie haben zunächst eigentlich nur zwei Chancen einer erfolgreichen Therapie:

1. Wenn Sie sich bis zu dieser Buchseite durchgekämpft haben, kennen Sie inzwischen auch den Unterschied zwischen einer völlig unbewiesenen „Heilwirkung" der Gelenkinjektionen mit biochemischen Bestandteilen der Gelenkflüssigkeit und einer hierdurch möglichen, leider oft nur kurzfristigen, höchstens wenige Monate andauernden Beschwerdebesserung.

Wenn Sie sich nur, aber wirklich nur, unter diesen Gesichtspunkten für eine solche, wohlgemerkt rein symptomatische - und teure - Spritzentherapie Ihres schmerzenden Gelenkes entscheiden, sind die Aussichten für einen zeitlich begrenzten Behandlungserfolg im oben genannten Sinne durchaus vorhanden. Aber lassen Sie sich bitte keinesfalls von Ihrem Orthopäden überzeugen, dass damit Ihre Arthrose auch nur im Geringsten eine Art „Heilung" erfahren würde. Sollten Sie mit dieser Methode tatsächlich weitgehend beschwerdefrei werden, kann und muss selbstverständlich jetzt alles für den Aufbau, die Leistungssteigerung und die Überlastungsvorsorge Ihres Gelenkes, wie im vorigen Kapitel ausgeführt, unternommen werden.

2. Die zweite, mit großer Wahrscheinlichkeit deutlich erfolgreichere Möglichkeit einer auch längerfristigen positiven Beeinflussung Ihrer hartnäckigen Gelenkprobleme ist die Intensivierung aller passiven und vor allem aktiven Maßnahmen im Rahmen einer Stationärtherapie, einer medizinischen Rehabilitation. Nicht eine Kur, also wie früher, morgens Fango, abends Tango, sondern ein tägliches Arbeitsprogramm zu Wasser und zu Lande, das in dieser Intensität niemals ambulant, auch nicht als kassenseitig und vom Medizinischen Dienst empfohlene ambulante Rehabilitation möglich ist.

Als noch Berufstätiger ist für Sie der Soziaalversicherungsträger LVA oder die BfA mit einem haus- oder fachärztlichen Antrag auf eine solche Behandlung zuständig. Wenn man Glück hat, wird Ihrem Antrag nach einer Begutachtung durch einen Facharzt stattgegeben. Als Rentner ist Ihre Krankenkasse in der Verantwortung. Und da haben Sie leider nicht immer so viel Glück.

Auch wenn Sie als berenteter Kassenpatient laut *§40 des Sozialbesetzbuches* das verbriefte Recht auf eine solche Behandlung haben, unternimmt die Krankenkasse alles, um Ihnen eine stationäre Therapie zu verweigern.

Sie werden auf eine viel weniger wirksame, aber preiswertere Ambulantbehandlung in einer wohnortnahen Reha-Einrichtung verwiesen, die Fahrtkosten dorthin werden nur in Ausnahmefällen erstattet. Um mit einem Widerspruch gegen den allmächtigen *Medizinischen Dienst* der Krankenkasse bestehen zu können, müssen Sie schon beweisen, dass eine solche Stationärtherapie wahrscheinlich eine viel teurere Operation Ihres Hüft- oder Kniegelenkes vermeiden hilft.

Diesen Beweis schaffen Sie leider nur mit einem Fachgutachten und juristischem Beistand. Das kann dauern und kostet Mühe, Ärger und endet leider oft im Frust.

Warum die gleiche Kasse, die Ihnen die stationäre Rehabilitation verweigert hat, jedoch sechs Monate später dem Vorschlag Ihres Hausorthopäden, Ihr immer noch mäßig verschlissenes Knie- oder Hüftgelenk durch eine Endoprothese zu ersetzen und jetzt auch der danach notwendigen stationären Anschlußrehabilitation zustimmt, ist ein etwas perverses Geheimnis, das nur der Medizinische Dienst der Krankenkasse lüften kann. Es ist immer wieder bewiesen worden, dass solche konservativen, also nichtoperativen Maßnahmen, Gelenkoperationen um Jahre hinausschieben konnten.

Nur abschließend zum Vergleich: Eine Gelenkersatzoperation, also eine Endoprothese für ein Kniegelenk kostet die gesetzliche Krankenkasse je nach Modell zwischen 8000,00 Euro bis 16 000,00 Euro, die stationäre Anschlußheilhandlung noch einmal etwa 3000,00 Euro. Macht zusammen 11 000,00 bis 19 000,00 Euro.

Die alleinige vierwöchige, stationäre Rehabilitation mit einer möglichen Operations- und Rentenverschiebung vielleicht um Jahre hätte die Kasse etwa 3500,00 Euro gekostet!

Schon eine sehr merkwürdige Einrichtung, unser Gesundheitssystem!

8.3 Nägel mit Köpfen – Die Operationsentscheidung

Sie haben sich inzwischen über mehrere Jahre mit Ihrem immer wieder und immer häufiger hässlich schmerzenden und Ihren Alltag, Ihre Lebensqualität mehr als einmal böse durchkreuzenden Knie- oder Hüftgelenk herumgeplagt. Sie haben alle Möglichkeiten der Selbsthilfe und unseres keineswegs sehr großzügigen Gesundheitssystems ausgeschöpft, Sie haben sogar den Versuch einer Injektionsbehandlung mit „Knorpelaufbauspritzen" hinter sich. Auch nur mit recht kurzem Erfolg. Das Knie- oder Hüftgelenk zeigt im Röntgenbild inzwischen ausgeprägte Zerstörungen, die Beweglichkeit des Gelenkes ist nach allen Richtungen erheblich eingeschränkt. Irgendwie sind Sie jetzt am Ende der Fahnenstange angelangt, Sie wollen verständlicherweise endlich keine Schmerzen mehr, Sie wollen endlich wieder besser laufen können.

Vor hundert Jahren wäre Ihnen jetzt lediglich die Bank vor Ihrem Häuschen, für die Schritte dahin ein paar Holzkrücken und das Wohlwollen Ihrer sicher fürsorglichen Familie übrig geblieben. Zumindest in dieser Hinsicht ist das Leben heute lebenswerter als früher. Abertausende Arthrosekranker müssen nicht mehr auf der Bank vor dem Haus sitzen und auf den Sensemann warten, sie können Ihr Leben wieder selbständig und schmerzfrei gestalten, aus alt ist neu geworden, ein ausgetauschtes Gelenk macht körperliche Aktivitäten wieder möglich, die mit dem defekten Bein-Scharnier zur Jahrhundertwende noch undenkbar waren.

- Der erste Ratschlag: Nehmen Sie sich trotzdem mit der Entscheidung zur Endoprothesenoperation etwas Zeit. Holen Sie sich vor allen Dingen eine fachärztliche Zweitmeinung ein (Die Krankenkasse bezahlt diese Leistung). Damit demonstrieren Sie Ihrem Hausorthopäden kein Misstrauen, er wird Sie verstehen, wenn er ein guter Arzt ist. Davon gehen wir einmal aus.

Die Operationsentscheidung müssen Sie zwar alleine treffen. Besprechen sollten Sie diese Entscheidung jedoch mit dem Arzt Ihres Vertrauens.

• Lassen Sie sich noch nicht zur Operation drängen, wenn nicht alle der schon früher aufgeführten Voraussetzungen gegeben sind. (s.Kap. 6.3).

• So ist eine deutliche, röntgenologisch nachzuweisende Arthrose eines Gelenkes ohne wesentliche Funktionseinbußen und mit erst unzureichend behandelten, wenige Monate andauernden Schmerzen noch keine absolute Operationsindikation.

• So ist eine im Röntgenbild gerade erst beginnende Arthrose bei gleichfalls gerade erst leichten Bewegungseinschränkungen und Gelenkschmerzen erst nach zweistündigem Gewaltmarsch über Stock und Stein (Der Ehepartner ist vielleicht der harte Kern des örtlichen Wandervereins!) ebenso kein absoluter Grund, sich sofort unter das Messer zu legen.

• So ist eine mittelgradige „Röntgenbildarthrose" bei einem schmerzlosen und ungehindert funktionsfähigen Hüft- oder Kniegelenk immer noch keine zwingende Operationsindikation. Und schon gar keine, wenn erst beginnende Aufbrauchzeichen im Röntgenbild den Ketten-Aktionismus zwischen Hausarzt, Orthopäden und Krankenhaus in Gang setzen. Jedes Jahr werden in Deutschland keine kranken Gelenke, sondern lediglich Tausende Röntgenbilder ohne zwingenden Grund operiert. Und keineswegs immer aus medizinischen Gründen!

• Auch wenn die Nachbarin mit ihrem neuen Hüftgelenk doch „soooo zufrieden" ist, die Operation „überhaupt nicht schlimm" war, vergessen Sie bitte nicht, es gibt in Deutschland viele Nachbarn, die nicht zufrieden sind, weil sie eben nicht zu den unkomplizierten Endoprothesesenoperationen gehören.

Denn die kleinen Tierchen, die Sie möglicherweise aus dem Krankenhaus in ihrer neuen Hüfte mit nach Hause bringen könnten, wären dann zwar Ihre „Haustiere", aber sicher keine zum Streicheln!

• Selbstverständlich ist der operative Austausch eines Gelenkes besonders in großen Kliniken jedes Jahr eine Tausendfach-Routine. Das Komplikationsrisiko ist natürlich in solch einer hochspezialisierten „Endo-Klinik" erheblich geringer als in der mittelgroßen Chirurgie der heimatlichen Kreisstadt. Hysterische Operationsangst ist sicher nicht angebracht. Aber völlig ohne Risiko ist ein derart großer Gelenkeingriff auch in der Spezialklinik nicht. Zumal, wenn das oft höhere Lebensalter der Patienten auch die Wahrscheinlichkeit anderer Risikofaktoren aus dem Herz-Kreislauf- und Stoffwechselsektor bedeutet.

Die Chance gegen das Risiko abzuwägen, kann auch der Orthopäde Ihres Vertrauens nicht. Ihnen jedoch zur Seite stehen, um alle nichtoperativen Möglichkeiten auszuschöpfen, bevor er sagt „Rien ne vas plus", „nichts geht mehr". Das kann er nicht nur, das muss er sogar.

• Der letzte Rat in diesem Kapitel:

Sie müssen Ihr bisheriges Nahrungsverhalten nicht schlagartig ändern, nur weil plötzlich „Natur pur" mit Grünzeug und Biovitaminen angebliche Wunder an Ihren Gelenken vollbringen sollen. Leben Sie Ihr Leben weiter, wie bisher, ernähren Sie sich abwechslungsreich wie bisher, die notwendigen „Knorpelnahrungsergänzungsstoffe" sind damit alle schon in Ihren Mahlzeiten enthalten. Vielleicht bewegen Sie sich nun doch ein wenig mehr pro Tag als bisher, aber bitte keine urplötzliche, stundenlange Wanderekstase mit den modisch mutierten Skistöcken (Nordic-Talking-Instrumente). …

Und lassen Sie sich nicht von Huflattich- und Sauerampferfetischisten oder von medizinischen Technokraten in Weiß zum Narren machen – die im Übrigen das, was sie Ihnen aufschwätzen wollen, niemals verzehren oder gar selber mit sich machen lassen würden. Denken Sie bitte immer daran, kein noch so klug redender Heiler kann vorhersagen, wie schnell oder langsam die Arthrose in Ihrer Hüfte oder in Ihrem Knie fortschreiten wird. Entwickeln Sie jedoch dementsprechend ein gesundes Misstrauen gegenüber allen hellseherischen Vorhersagen zum Krankheitsverlauf Ihres Gelenkes lediglich anhand eines einzigen Röntgenbildes.

Sollten Sie wirklich ein paar Tausend Euro übrig haben, benutzen sie dieses Geld lieber für 3-4 Privat-Wochen in einer renommierten orthopädischen Rehabilitationsklinik statt für sinnlose „Knorpelaufbau"- und äußerst fragwürdige Mikronährstoffkuren, einer Mito-Energie-Mitochondrienbehandlung, für völlig wirkungslose Rinder- und Haifischknorpelpillen oder für Grünlippenmuschelextrakt in Tablettenform.

Vor allen Dingen trauen Sie auch keiner Ihnen vorgelegten „Studie" zu den angebotenen Heilmitteln für Ihre Arthrose. Besonders dann nicht, wenn Sie in Erfahrung bringen können, dass diese Studie von der gleichen Pharmafirma kommt, die das angeblich neue Pulver aus gerade entdeckten und selbstverständlich hochwirksamen afrikanischen Urwaldgurken selber herstellt.

Haben Sie jedoch einen Orthopäden gefunden, der mehr als nur zwei Minuten Zeit für Sie findet, der Ihr krankes Gelenk sogar ohne Ihre Beinkleider sorgfältig untersucht hat und der Ihnen in dieser mehrminütigen Sprechstundenzeit nicht nur von seiner drohenden Verarmung durch die Budgetierung der bösen Krankenkassen vorjammert, bleiben Sie bei ihm. Schenken Sie Ihm Pralinen, schreiben Sie Ihm Geburtstagsgrüße und schwärmen Sie von seinem Rasierwasser (so Sie weiblich sind). Wenn er dann außerdem in der ersten Sprechstunde noch keine „Knorpelaufbauspritzen" erwähnt hat und vielleicht auch noch Löwenzahn und Weihrauch als „natürliche" Gelenkheilmittel anzweifelt, ist das möglicherweise der Sechser im Lotto für Ihr Knie.

9. Epilog

In der zusammenfassenden Schlußbetrachtung dieses „TÜV"-Berichtes zum aktuellen Stand unseres Wissens über die Arthrose, der heute bereits als „Volksseuche" bezeichneten Krankheit unseres Bewegungs- und Stützsystems, scheint sie doch wohl der Tribut zu sein, den wir, zumindest in unserer westlichen, sogenannten zivilisierten Welt, für unser kontinuierlich steigendes Durchschnittsalter zahlen müssen.

Vorausgesetzt, wir sorgen dafür, dass nicht in absehbarer Zeit religiös-fanatische Weltanschauungen, Besucher aus anderen Galaxien oder planetengroße Gesteinsbrocken aus dem Universum unseren Globus zerstören, dürfte die Möglichkeit bestehen, dass unser durchschnittliches Lebensalter und folgerichtig auch die Häufigkeit dieser Mobilitätsstörung der alternden Menschheit weiter steigen werden.

Wie sich unter diesem Aspekt die medizinische Versorgung besonders in der Geriatrie, der Altersmedizin, entwickeln wird, kann nur hoffnungsvoll optimistisch erträumt oder bei Betrachtung der heutigen Versorgungssituation unserer Alten für die Zukunft ziemlich schwarz gesehen werden. Es gibt Pessimisten, zu denen sich der Autor zumindest in dieser Beziehung zählt, die nicht wirklich in die Zukunft schauen möchten; die zum Beispiel nicht wissen möchten, wie unser Gesundheitswesen in hundert Jahren mit den morschen und defekten Arthrosegelenken der dann wahrscheinlich durchschnittlich 95-jährigen umgehen wird.

Vielleicht schwebt der dickbäuchige Profitgeier, der heute alles, aber auch wirklich alles bestimmt, nicht nur weiterhin über einem maroden Gesundheitssystem, sondern er hat sich mit ausgebreiteten Flügeln vollends auf ihm niedergelassen. Möglicherweise müssen wir dann unsere Angehörigen als Pflegekräfte mit in das Krankenhaus nehmen, wenn wir dort als Kassenpatient zur Endoprothesen-OP nur widerstrebend aufgenommen wurden.

Eventuell gibt es dann auch die die gesetzliche Krankenkasse nicht mehr, da sie vollständig durch Privatkassen ersetzt wurde.

Was hingegen dem Optimisten unter uns berufsmäßig zusteht, ist die Hoffnung. Die Hoffnung darauf, dass sich in der medizinischen Forschung auch hinsichtlich einer ursächlichen Behandlung eines Gelenkverschleißschadens in hundert Jahren Grundlegendes geändert haben wird.

Vielleicht haben wir dann alle Bemühungen um eine Knorpelzellaufzucht zu den Nostalgieakten gelegt und bauen statt Metall und Kunststoff nur noch aus Eigenzellen bereits in unserer Jugend geklonte und für unser Alter in Knochenbanken aufbewahrte Gelenke ein.

Wir transplantieren heute schon fast alle Organe des Menschen erfolgreich, wir basteln traumatisch abgetrennte Extremitäten wieder an ihre Ursprungsstelle, warum sollten wir in hundert Jahren nicht auch komplette Gelenke ersetzen können. Gebe Gott, dass jedoch die Fähigkeit der Medizin, Gehirne zu transplantieren, noch etwas mehr Zeit braucht als hundert Jahre!

Vermutlich sind wir aber selbst in hundert Jahren noch nicht soweit, komplette menschliche Gelenke einzubauen. Unter Umständen haben wir es dafür aber erreicht, Knorpelzellen so erfolgreich zu züchten, dass damit nicht nur ein Mini-Fleckerlteppich in einem Gelenk gebastelt, sondern ein komplettes, total zerstörtes Arthrosegelenk erneuert werden kann…. Natürlich wird auch das in hundert Jahren immer noch keine Kassenleistung sein.

Heute jedoch ist diese Hoffnung der Knorpelzellgärtner erst noch ein kleines Pflänzchen, das, gerade aus dem Boden gekommen, schon gnadenlos von einigen Profiteuren im weißen Kittel vermarktet, überdüngt und viel zu früh geerntet wird.

Das Geschäft mit der Gutgläubigkeit der Menschen blüht natürlich seit Jahrtausenden.

Wer vom Nutzen des Ablasshandels der katholischen Kirche, von der Notwendigkeit der Hexenverbrennungen, der potenzsteigernden Wirksamkeit von Nashornpulver und dem Jungbrunneneffekt der Frischzelltherapie zu überzeugen war, darf heute auch getrost an die gelenkerneuernde Dynamik von pulsierenden Magnetfeldern, an den Nutzen von Vitalstoffinfusionen und an den Segen von Gelbwurz, zermahlenem Haifischknorpel und Borax-Pulver glauben. ...Vielleicht auch an die eierlegende Wollmilchsau in Maghrebinien und an den Wolpertinger im Bayerischen Wald!

Merkwürdig ist nur eines bei der Unmenge an Angeboten arthroseheilender Gemüsesorten der fanatischen Naturheilfreaks.

Keiner von Ihnen kann sich selber vor einer Hüft- oder Kniegelenksarthrose und Endoprothese bewahren. Genauso merkwürdig ist auch, dass sich kein Orthopäde Hyaluronsäure in sein arthrotisches Knie spritzen lässt und genauso seltsam erscheint es, dass Kühe, Esel und Pferde genau wie der Mensch eine Knie- oder Hüftgelenksarthrose bekommen können, obwohl sie ihr Leben lang auf der Wiese tonnenweise Biovitamine und Knorpelzellergänzungsstoffe gefressen haben....

Hier sind ohne Zweifel Parallelen zu den (natürlich gebührenpflichtigen) Lotto- und Roulette-Tippgebern vorhanden: Erstaunlicherweise sind unter ihnen selbst keine Millionäre zu finden.

In der abschließenden, ehrlichen und kritischen Betrachtung aller derzeitigen Bemühungen um eine wirksame, wissenschaftlich haltbare Behandlungsmethode zerstörter, untergegangener Gelenkflächen im Sinne einer vollständigen Wiederherstellung bleibt letztlich nur das folgende Resümee übrig:

Trotz unserer heutigen Kenntnisse über die Molekularbiologie auch der Knorpelzellen im menschlichen Gelenk sind wir noch nicht in der Lage, abgestorbenes Knorpelgewebe vor Ort, also im Gelenk selbst, wie Phönix aus der Asche neu entstehen zu lassen.

Kleinere Defekte lassen sich zwar, vor allem bei jüngeren Menschen, durch verschiedenartige Implantationsverfahren notdürftig reparieren, das entstandene oder implantierte Gewebe ist jedoch auf längere Sicht keine alltags- oder gar sporttaugliche Alternative zum untergegangenen Ausgangsmaterial.

Nur wer heute vollständig über den Unterschied zwischen einer echten Heilung und der erfolgreichen Beeinflussung der negativen Begleitsymptome einer Arthrosekrankheit informiert ist, wird bei den sehr unterschiedlichen „Behandlungs"-Angeboten nicht getäuscht und enttäuscht werden können. Hilfe für den Arthrosepatienten ist heute durchaus möglich. Jedoch sollte jeder Betroffene das Wort „Hilfe" sehr genau unter die Lupe nehmen und zwischen Heilungsversprechen, möglichen Beschwerdeerleichterungen und vollständigem Gelenkaustausch differenzieren, damit falsche Hoffnungen gar nicht erst geweckt werden, Missverständnisse gar nicht erst entstehen und der Hilfesuchende im Geschäft mit der Arthrosekrankheit nicht zur passiven Märchenfigur in Tausendundeiner Nacht oder zur Euro-Melkkuh gemacht wird.

Selbst wenn wir das große Ziel, von der Natur zerstörte Gelenke auch wieder von der Natur teilweise reparieren oder gar vollständig erneuern zu lassen, vorerst nicht erreichen werden, sollten diejenigen, die sich aus wirklicher Berufung dem Heilen verschrieben haben, im jetzigen Moment unserer Zeitgeschichte wenigstens ein kleines Ziel vor Augen haben. Nämlich mit allen uns derzeit zur Verfügung stehenden Mitteln der Medizin dem arthrosegeplagten, besonders dem älteren Menschen, ein Altern in Würde zu ermöglichen.

Dazu gehört vor allem die Fähigkeit, mit funktionierenden Gelenken laufen und gehen zu können. Möglichst rasch natürlich, damit wir rechtzeitig denen entkommen können, die uns mit ihren Heilsversprechen und Vitaminmärchen verfolgen, um uns zum Dukatenesel auf der Wiese des Arthrose-Kommerzes zu machen.

10. Literaturangaben

Block *Joel A, Najia Shakoor: The biomechanics of osteoarthritis: Implications for therapy. In: Current Rheumatology Reports. 11, 2009.*
Bouillon, *M. A. Rieger: Fall-Kontroll-Studie zur Bewertung von beruflichen Faktoren im Zusammenhang mit Gonarthrosen – die ArGon-Studie. Bundesanstalt für Arbeitsschutz und Arbeitsmedizin, Dortmund 2010,*
Brittberg *u. a.: Treatment of deep cartilage defects in the knee with autologous chondrocyte transplantation. In: NEJM 331, 1994, S. 889–895. .*
Bronner *F., M. C. Farach-Carson. Springer Verlag, 2007.*
Bühling *K. J. u. a.: Intensivkurs: Allgemeine und spezielle Pathologie. Verlag Elsevier, 2004.*
Bull *A. M. J., A. A. Amis: Biomechanik. In: D. Kohn (Hrsg.): Knie. Thieme, Stuttgart 2005,*
Benninghoff *Alfred u. a.: Lehrbuch der Anatomie des Menschen. Dargestellt unter Bevorzugung funktioneller Zusammenhänge. 3. Band: Nervensystem, Haut und Sinnesorgane. Urban und Schwarzenberg, München 1964,*
Debrunner, *A.M.: Orthopädie und Orthopädische Chirurgie. Huber (4. Auflage, 2002).*

Deutsche Gesellschaft für Unfallchirurgie: *Endoprothese bei Koxarthrose. Erstellungsdatum: März 1999*

Frisch, *H.: Programmierte Therapie am Bewegungsapparat. Springer (8.Auflage 2001).*
Geiger, *C. et al: Computerassistierte, roboterunterstützte Hüftendoprothetik - Standardverfahren oder Spezialindikation? Z. Ärztl. Fortbildg. Qualitatssich. 95(3): 165 - 71 (Apr 2001).*
Henne-Bruns/*Dürig/Kremer: Duale Reihe Chirurgie. Thieme (2003).*
Grossinger, *Richard: Wege des Heilens: Vom Schamanismus der Steinzeit zur heutigen modernen Alternativmedizin, München 1985*
Grüner *S.: Kurz- und mittelfristige Ergebnisse der alloarthroplastischen Versorgung des Kniegelenkes mit uni- und bikondylären Schlittenprothesen. Dissertation. Medizinische Fakultät Universität Köln, 1992.*

Hinkelmann, U. M. Fleischhauer (Hrsg.): Die Endoprothese. Das künstliche Hüft- und Kniegelenk Schritt für Schritt erklärt. Elsevier, Urban & Fischer 2007.

Krämer, J. Grifka et al.: Orthopädie, 6. Auflage. Springer Verlag, Berlin 2001, **Leitlinie Koxarthrose** der Deutschen Gesellschaft für Orthopädie und Orthopädische Chirurgie (DGOOC). *In:* AWMF online (Stand 2009 Leitlinien der Arbeitsgemeinschaft der Wissenschaftlichen Medizinischen Fachgesellschaften (AWMF). Deutsche Gesellschaft für Orthopädie und Orthopädische Chirurgie und Berufsverband der Ärzte für Orthopädie: Koxarthrose. Letzte Überarbeitung: April 2002.

Lühmann D, B. Hauschild, H. Raspe: Hüftgelenkendoprothetik bei Osteoarthrose – Eine Verfahrensbewertung, Institut für Sozialmedizin, Medizinische Universität zu Lübeck, Nomos Verlagsgesellschaft, Lübeck 2000, Schöner Erich: Das Viererschema in der antiken Humoralpathologie

Lüring Ch., H. Bäthis u. a.: Die navigationsgestützte Knieendoprothetik: Eine Standortbestimmung unter evidenzbasierten Kriterien. *In:* Dtsch Arztebl. 2005; 102(34-35

Müller, M.: Chirurgie. Medizinische Verlags- und Informationsdienste (2004/2005).

Platzer W.: Taschenatlas der Anatomie. Band I: Bewegungsapparat. Thieme-Verlag, Stuttgart 2005.

Roach, I. S. Tilley: The Pathogenesis of Osteoarthritis. *In:* Bone and Osteoarthritis, Band 4, Hrsg.:

Rohen, Johannes W, Elke Lütjen–Drecoll: Funktionelle Anatomie des Menschen – Lehrbuch der makroskopischen Anatomie nach funktionellen Gesichtspunkten. Schattauer, Stuttgart 2006, **Salomon** V: Knochenverbindungen. *In:* F.-V. Salomon u. a. (Hrsg.): Anatomie für die Tiermedizin. Zweite Auflage. Enke-Verlag, Stuttgart 2008.

Schlüter-Brust W.-P. Michael, Klaus U., Peer Eysel: Epidemiologie, Ätiologie, Diagnostik und Therapie der Gonarthrose. *In:* Dtsch Arztebl Int. *Nr.* 107(9), 2010.

Schumpelick, V.: Chirurgie. Thieme (5. Auflage 2004)Hasse, F. M.: Klinikleitfaden Chirurgie. Urban & Fischer (3.Auflage 2002)

Schott, *Heinz: Chronik der Medizin, Augsburg 1997 Chronik-Verlag*
Schwegler *Johann, Runhild Lucius: Der Mensch. Anatomie und Physiologie. Georg Thieme Verlag. Stuttgart. 2011*
Seufert *J.: Präoperative Bestrahlung zur Prävention heterotoper Ossifikation nach Hüftgelenksendoprothese. Dissertation, Medizinische Fakultät der Universität Würzburg, Würzburg 2004*
Wirth, *C.J.: Praxis der Orthopädie, Band 2 - Operative Orthopädie. Thieme (2000).*
192192192Zhang *u. a.: The placebo effect and its determinants in osteoarthritis – meta-analysis of randomised controlled trials. In: Ann Rheum Dis 2008*

11. Sachverzeichnis

A

Abrasion	*81*
Absätze, hohe	*175*
achsgeführtes Knie	*117*
Aktivtherapie	*68, 175*
Akupunktur	*71, 133*
Alternativmedizin	*124*
Anlaufschmerz	*41,45,51*
Anschlußheilbehandlung	*107*
Anschlußheilverfahren (AHB)	*102*
Antibiotika	*39*
Antibiotikaketten	*91*
Antirheumatika	*71*
Antithrombosespritzen	*102*
Antithrombosestrümpfe	*102*
Arthrofibrose	*119*
Arthrose	*12, 28*
Arthrose, aktivierte	*43,45,69,71*
Arthrose, primäre	*28*
Arthrose, sekundäre	*28*
Arthrose, stumme	*41*
Arthrosebehandlung, alternative	*76*
Arthroseheilung	*137*
Arthrosekrankheit	*20,165*
Arthroskopie	*81,134*
Aseptische Lockerung	*91*
Auflage, die Packung	*132*
Aufrichtehilfen	*103*
Auftrittsdämpfung	*75*
Ausrenkung (Luxation)	*92*

Autologe ChondrocytenTransplantation	*82*
Autologe Knorpeltransplantation	*82*

B

Bakterien	*37*
Beinvenenthrombosen	*90*
Bikondyläre Schlittenprothese	*90,115*
Blind- und Doppelblindversuche	*77*

C

Chondroitin	*127*
Compliance	*105*
Cortison	*71*
Coxa valga	*59*

D

Diabetes mellitus	*39*
Diabetische Arthrose	*39*
Durchlaufdrainagen	*91*

E

Eigeninitiative	*179*
Elektrische Gerätemedizin	*74*
Endoprothese, eingeschraubte	*86*
Endoprothese, zementfreie	*86*
Endoprothese, zementierte	*86*
Endoprotheseoperation, minimal-invasive	*84*
Endoprothetik	*83*

F

Fallpauschale	107
Faserknorpel	29
Frischzelltherapie	126
Frührehabilitation	119

G

Gangbild	55
Geh- und Entlastungshilfen	75
Gehbock	120
Gehhilfen (Unterarmgehstützen)	171
Gelenke	21
Gelenke, echte	22
Gelenkflächen, -schäden	24,144
Gelenkformen	22
Gelenkfreundlicher Sport	177
Gelenkinnenhaut	26
Gelenkhöhle	22
Gelenkkapsel	22,26
Gelenkknorpel	24,26
Gelenkkopf	24
Gelenkkörper	22
Gelenkpfanne	24
Gelenkschmiere	22,24
Gelenkspalt.	22
Gicht	40
Girdlestone-Hüfte	109
Gleitpaarungen	85
Glukosamin	127
Gonarthrose	113

H

Homologe Knorpeltransplantation	82
Heilerberuf	140
Heilkräfte	139
Heparinspritzen	119
Hilfsheiler	141
Homöopathie	128
Hospitalismus	39,89,119
Hüftgelenksausrenkung	56
Hüftkopfkappenlösung	59
Hyaluronsäure	24,134
Hyalurontherapie	152
Hybrid-Endoprothese	87,117
Hybridprothese	87,117

I

IGEL Gesundheitsleistungen	150
IGEL-Monitor	150
Infektionen	37
Iontophorese	132

K

Keilabsätze	105
Keimbesiedelung	90
Kniebandage	75
Knieendoprothese teilgekoppelte, gekoppelte	117
Knieendoprothese, ungekoppelte	117
Kniescheiben-Kniegelenk	49,117
Knietotalendoprothese	115
Knochenbrüche Oberschenkel	92,109
Knorpelernährung	73
Knochenzement	86
Knorpelaufbau	135

Knorpelaufbauspritzen	37, 73, 133,
Knorpelglatze	29
Knorpelzellenregeneration	80
Knorpelzelltransplantation	82
Kompressionsstrümpfe	119
konservative Therapie	68
Kopfpauschale	147
Krampfadern	30
Kreislauf- und Atemgymnastik	102
Kreuz-Darmbeingelenke	63

L

Lavage	81
Lockerung der Knieendoprothese	120
Lockerungen, aseptische	120
Luftpolstersohlen	175
Lungenembolie	119

M

Magnetfelder	75
Massagen	74
Materialkombinationen	85
Medikamente	69
Medizinischer Dienst	181
Mikrofrakturierung	81
Mikroschäden	48
Mobilisation	103
Mosaikplastik	82
Multiresistente Erreger (MRE)	39
Muskelatrophie	46

N

Nahrungs-Wirkstoffe	126
Naturheilkunde	130
Navigation, chirurgische	87
Nervenschädigungen	90

O

Oberflächenersatz	85
Okklusiv-Salbenverbände	168
Operationsindikation	79, 94
Operationsindikation, absolute	79
Osteoporose	115

P

Pendel-, Extensionsbehandlung	171
Pertheskrankheit	56
Placebotabletten	77
Privatpatient	147
Prothesenbrüche	93
Psyche	131
Psychosomatik.	131

R

Revitalisierung	80
Rezidivinfektion	109
Rheuma	12,13
Risikosportarten	176
Rollator	15, 104

S

Schuhwerk	105
Schuhzurichtungen	76
Schultergelenk.	63
Schweinehündchen, inneres	174
Seitlage	105
Septische Prothesenlockerung	91
Sohlenkontakt	104
Spinalanästhesie	84
Spritzen, Komplikationen	155
Standfahrrad	175
Stangerbad	75
Stationärtherapie	180
Stauungsödem	170
Stoffwechsel	26,59

T

Tantramassage	143
Teilbelastung	104
Teil- oder Hemiprothese	85
Thromboseprophylaxe	102
Thrombosevorsorgemaßnahmen	102

Totalendoprothese	85
Tuberkelbazillus	39

U

Übergewicht	34
Überlastungsschaden	34
Umstellungsosteotomien	81
Unikondyläre Schlittenprothese	115
Unterarmstützen und Gehstock	75,171
Untersuchung, eingehende körperliche	149

V

Verknöcherungen der Weichteile	92
Verkürzungsausgleich	76
Viersäftelehre	12
Vollbelastung	104
Vollnarkose	84

W

Wirbelgelenksarthrosen	63
Wundheilungsstörung	91

Z

Zweitmeinung, ärztliche	79